信物百年

红色财经

上卷

中央广播电视总台财经节目中心
国务院国有资产监督管理委员会新闻中心 ◎ 编著

中国科学技术出版社
·北京·

图书在版编目（CIP）数据

信物百年：红色财经. 上卷 / 中央广播电视总台财经节目中心，国务院国有资产监督管理委员会新闻中心编著. —北京：中国科学技术出版社，2021.7（2021.12重印）

ISBN 978-7-5046-9089-0

Ⅰ.①信… Ⅱ.①中…②国… Ⅲ.①中国经济史—研究—近现代 Ⅳ.① F129.5

中国版本图书馆 CIP 数据核字（2021）第 116075 号

审稿专家	张国祚
策划编辑	秦德继　张敬一
责任编辑	申永刚　杜凡如
封面设计	马筱琨
正文设计	锋尚设计
责任校对	焦　宁　吕传新　邓雪梅　张晓莉
责任印制	李晓霖

出　　版	中国科学技术出版社
发　　行	中国科学技术出版社有限公司发行部
地　　址	北京市海淀区中关村南大街 16 号
邮　　编	100081
发行电话	010-62173865
传　　真	010-62173081
网　　址	http://www.cspbooks.com.cn

开　　本	710mm×1000mm　1/16
字　　数	310 千字
印　　张	20.5
版　　次	2021 年 7 月第 1 版
印　　次	2021 年 12 月第 2 次印刷
印　　刷	北京盛通印刷股份有限公司
书　　号	ISBN 978-7-5046-9089-0 / F·934
定　　价	128.00 元

（凡购买本社图书，如有缺页、倒页、脱页者，本社发行部负责调换）

信物百年

代序
在《红色财经·信物百年》开播
暨上线仪式上的致辞

在党史学习教育深入开展之际，今天，我们举行《红色财经·信物百年》开播暨上线仪式，深入学习贯彻习近平总书记关于党史学习的重要讲话精神，以"信物百年"为主题，共寻建党百年国企红色印迹，领悟国企姓党为民政治本色，集聚国企许党报国奋斗力量，具有特殊重要的意义。

习近平总书记深刻指出，国有企业是中国特色社会主义的重要物质基础和政治基础，是我们党执政兴国的重要支柱和依靠力量，是党领导的国家治理体系的重要组成部分，为我国经济社会发展、科技进步、国防建设、民生改善做出了历史性贡献，功勋卓著！功不可没！国有企业自诞生之日起，就始终坚持党的领导、听从党的召唤、服从党的事业，把自身发展熔铸到党和国家事业发展的伟大征程中。**在新民主主义革命时期**，我们党建立了官田兵工厂、中华钨矿公司、陕甘宁机器厂、联和行等一大批公营企业，作为国有企业的前身，这些企业紧紧围绕党的中心工作，为中国革命胜利提供了重要物资保障。**在社会主义革命和建设时期**，我们党通过没收官僚资本、承继解放区公营经济、开展大规模社会主义改造、推进156项重点工程，形成了鞍钢、一重、一汽、一拖、沈飞等一大批骨干企业，在较短时间内以国有企业为主体建立起我国较为独立完整的工业体系和国民经济体系，艰辛研制成功的"两弹一星一艇"有力奠定了我国有影响力的大国地位。**在改革开放和社会主义现代化建设时期**，国有企业坚决贯彻我们党做出实行改革开放的历史性决策，立足国情、上下求索，从放权让利，到承包制、股份制，再到构建现代企业制度，从"三改一加强""抓大放小"，到重组调整、"三年改革脱困"，成功实现了从计划走向市场、从国内走向国外的历史性转折，同时带动了一大批民营企业共同发展壮大，有力促进了我国社会主义市场经济繁荣稳定。**在中国特色社会主义新时代**,在以习近平同志为核心的党中央坚强领导下,国有企业改革在重要领域和关键环节实现了重要进展、取得了重要成果,国有企业规模实力显著增强,运行质量明显改善,涌现出载人航天、探月工程、深海探测、高速铁路、移动通信等一大批具有世界先进水平的重大科技成果,竞争力、创新力、控制力、影响力、抗风险能力明显提升,党的领导和党的建设全面加强,在贯彻落实国家宏观调控政策、服务国家重大战略、打赢三大攻坚战、抗击新冠肺炎疫情等方面都发挥了骨干中坚作用。

今年以来,国务院国有资产监督管理委员会党委把开展"信物百年"活动作为党史学习教育重要内容,组织国有企业党委(党组)主要负责同志讲述这些红色信物"镇企之宝"背后的故事。这次活动精心遴选的一件件红色信物,就是国有企业坚决听党话、跟党走的最好见证,就是"两路"精神、大庆精神和铁人精神、"两弹一星"精神、载人航天精神、青藏铁路精神、新时代北斗精神、探月精神等精神谱系的生动诠释,就是国有企业广大干部职工不忘初心、砥砺前行的力量源泉。

这些红色信物,承载着国有企业的坚定信仰。信仰是精神的支柱。伴随党的百年历史,国有企业坚持以党的旗帜为旗帜、以党的方向为方向、以党的意志为意志,始终自觉做共产主义的坚定信仰者和忠实实践者。无论是抗日战争期间筹办"联合行"的两根金条,还是见证香港招商局起义壮举的"海辽"轮,无论是第二次反"围剿"期间的"半部电台",还是新兴际华集团前身企业制作的红军第一套统一军装,都闪耀着国有企业对马克思主义、共产主义的信仰光芒,传诵着国有企业践行初心使命的感人故事。红色信物让人睹物明理。我们要深刻感悟信仰的力量,进一步筑牢信仰之基、把稳思想之舵、补足精神之钙,切实把党史学习教育成果转化为干事创业的责任担当,为我们党执政兴国铸牢重要物质基础和政治基础。

这些红色信物,凝结着国有企业的坚定信念。信念是奋斗的航标。在革命、建设和改革各个历史时期,一代又一代国企人发扬红色优良传统,豁出命去拼、去闯、去干,为的就是社会主义事业。在烽火连天的抗美援朝战场,中国铁建的前辈们架起了一条条打不烂、炸不断的钢铁运输线,一把铁钩诠释着特别能吃苦、特别能战斗、特别能奉献的铁道兵精神；在天寒地冻的北大荒，中国石油的开拓者们"宁肯少活20年，拼命也要拿下大油田"，一面"钻井明星"红旗讲述着爱国、忘我、艰苦奋斗的大庆精神；在极寒缺氧的世界屋脊，中交集团的先行者们以顽强拼搏、甘当路石的气概，建成了康藏和青藏公路，一只老式地质罗盘见证着永不熄灭的"两路"精神。红色信物让人睹物动情。我们要始终坚定理想信念，切实肩负起国有企业、国有经济新的光荣使命，鼓足奋进新时代的精气神，激情奋斗推动国有企业坚决当好中国特色社会主义的顶梁柱。

这些红色信物，彰显着国有企业的坚定信心。信心是力量的源泉。在百废待兴的旧中国贫瘠基础上起步，从中华人民共和国成立后的第一块铀矿石、第一台蒸汽机车、第一代农用拖拉机、第一台水轮机组、第一块汽车防弹玻璃等问世诞生，到新时代"天问一号"逐梦而行、"嫦娥五号"奔月取壤、"奋斗者号"万米探海、"北斗"系统建成开通等惊世之作，国企人打造了一件件"大国重器""镇国之宝"，极大增强了中国人的志气、骨气、底气。红色信物让人睹物增信。我们要切实增强"四个意识"、坚定"四个自信"、做到"两个维护"，立足新发展阶段、贯彻新发展理念、构建新发展格局，坚定不移做强做优做大国有资本和国有企业，充分发挥国有经济战略支撑作用，加快建设世界一流企业，为中华民族伟大复兴贡献国有企业力量。

同志们、朋友们，党的百年奋斗波澜壮阔，国企红色信物历久弥新。让我们更加紧密地团结在以习近平同志为核心的党中央周围，高举习近平新时代中国特色社会主义思想伟大旗帜，以坚定信仰、信念、信心，传承红色基因，创造新的红色信物，谱写新的奋斗华章，以优异成绩庆祝建党一百周年。

最后，预祝本次活动圆满成功。谢谢大家！

郝 鹏

国务院国有资产监督管理委员会党委书记、主任

（2021年5月11日）

目录

代序　在《红色财经·信物百年》
　　　开播暨上线仪式上的致辞　　　郝　鹏

1	走进中南海的铀矿石	【中国核工业集团有限公司】	2
2	截杀"黑猫"的导弹	【中国航天科工集团有限公司】	8
3	"丈量"世界的比例尺	【中国船舶集团有限公司】	14
4	官田兵工厂的马尾手榴弹	【中国兵器工业集团有限公司】	20
5	身经百战的"汉阳造"	【中国兵器装备集团有限公司】	26
6	中国第一部国产雷达	【中国电子科技集团有限公司】	32
7	"铁人"王进喜的刹把	【中国石油天然气集团有限公司】	38
8	中国第一号发明证书	【中国石油化工集团有限公司】	44
9	海洋勇士的功勋钻头	【中国海洋石油集团有限公司】	50
10	《"三八"带电作业班》剧本	【中国南方电网有限责任公司】	56
11	渡江战役第一船"京电号"	【中国大唐集团有限公司】	64
12	黄埔江畔的无名之剑	【国家电力投资集团有限公司】	70
13	开创红色通信事业的半部电台	【中国电信集团有限公司】	76
14	拨通中国移动时代的"大哥大"	【中国移动通信集团有限公司】	82
15	守护信息安全的中文操作系统	【中国电子信息产业集团有限公司】	88
16	中国最早的万吨水压机	【中国一重集团有限公司】	92
17	1元钱上的"东方红"拖拉机	【中国机械工业集团有限公司】	98

18	中国第一台水轮发电机	【哈尔滨电气集团有限公司】	106
19	鞍钢重轨与"鞍钢宪法"	【鞍钢集团有限公司】	112
20	中国第一支海外债券凭证	【中国中信集团有限公司】	118
21	中国第一艘远洋船	【中国远洋海运集团有限公司】	124
22	六十五年前的飞行员进出港日记	【中国航空集团有限公司】	130
23	一顶经历传奇的飞行帽	【中国东方航空集团有限公司】	136
24	开启中国航空事业的"冯如"飞机	【中国南方航空集团有限公司】	142
25	"国旗红"染料染成的五星红旗	【中国中化控股有限责任公司】	148
26	走向世界的"红八中"商标	【中粮集团有限公司】	154
27	中国第一枚金属国徽	【中国通用技术（集团）控股有限责任公司】	162
28	守护承诺的红军借谷证	【中国储备粮管理集团有限公司】	168
29	跨越"生命禁区"的对讲机	【国家开发投资集团有限公司】	176
30	周恩来总理的亲笔信	【中国银行股份有限公司】	182
31	5分钱上的"海辽"轮	【招商局集团有限公司】	188
32	暗藏万金的马甲	【华润（集团）有限公司】	194
33	"的确良"衬衣	【中国化学工程集团有限公司】	200
34	中国自主研制的第一块汽车防弹玻璃	【中国建材集团有限公司】	208
35	"八一号"蒸汽机车	【中国中车集团有限公司】	216
36	铁路信号的"活化石"	【中国铁路通信信号集团有限公司】	222

37	"开路先锋"的旗帜	【中国铁路工程集团有限公司】	228
38	清川江大桥上的铁钩	【中国铁道建筑集团有限公司】	234
39	第一套苏区纸币	【中国农业银行股份有限公司】	240
40	开启天路的"罗盘"	【中国交通建设集团有限公司】	246
41	消灭小儿麻痹症的"糖丸锅"	【中国医药集团有限公司】	252
42	海外购回的圆明园"猴首"	【中国保利集团有限公司】	258
43	中国第一套煤田预测图	【中国煤炭地质总局】	264
44	红军第一套制式军装	【新兴际华集团有限公司】	270
45	新安江水电站的题词	【中国电力建设集团有限公司】	276
46	中国的"电力宝典"	【中国能源建设集团有限公司】	282
47	"水电铁军"的经纬仪	【中国安能建设集团有限公司】	288
48	改革开放第一个大型项目合营合同	【中国广核集团有限公司】	294
49	《义勇军进行曲》唱片母版	【中国华录集团有限公司】	300
50	中国第一台330千伏电力变压器	【中国西电集团有限公司】	306

| 后记 | 信物无声　精神永恒 | 慎海雄 | 314 |

信物百年

1
走进中南海的铀矿石

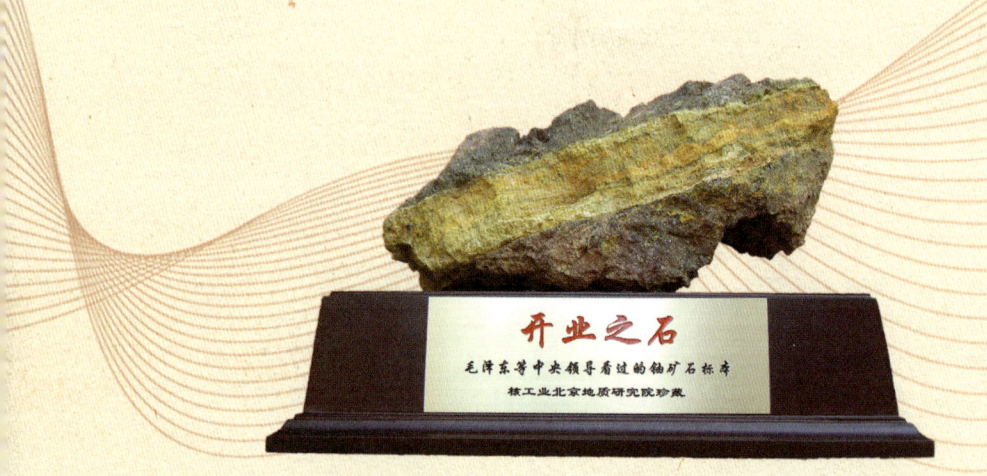

信物名称

开业之石

信物传承者

中核集团

（全称：中国核工业集团有限公司）

信物年代

1954年

信物印迹

"走"进中南海的铀矿石

一块普通的石头，动用上万人的队伍寻找多年。它去过中南海，上过中央会议。找到它的那天，一向沉稳的周恩来总理都按捺不住激动的心情。从它开始，中国的"两弹一艇"起步了。

中华人民共和国成立初期，百废待兴，新生的中华人民共和国在经济上面临着来自西方国家的重重封锁；在中朝边境线上，美国纠集16个国家组成的"联合国军"的兵锋直抵鸭绿江畔，美军飞机侵入我国领空，轰炸我国边境城市。中国政府为了捍卫国家主权和人民安全，派出中国人民志愿军，抗美援朝、保家卫国，沉重地打击了以美国为首的侵略军，迫使他们不得不签订停战协议。中国人民志愿军赴朝参战后，美国曾威胁对中国使用原子弹。1953年板门店谈判后，美国又将装有原子弹的导弹运到了冲绳岛，美国一些反华好战分子多次鼓吹美国直接向中国投掷原子弹。面对美国的核威胁，中国共产党人不畏惧，不信邪，下定决心，要搞出自己的原子弹来，于是年轻的中国开始组织力量寻找制造原子弹不可缺少的铀矿。

找铀，就是找安全

在那个年代，寻找铀矿成了一项关乎国家和人民命运的工作。为了去除没有铀矿这块心病，1954年2月，中国成立第一个寻找铀矿的机构——地质部普委二办。地质部普委二办的工作人员夜以继日地工作，查阅各种地质资料，悉心搜集与铀矿有关的线索信息，深入祖国各处的深山老林。但是寻找铀矿的工作没有丝毫进展。时间长了，大家心里都犯起了嘀咕："中国究竟有没有铀矿石?"大家心里这样想着，但手里的工作依然没有停下，因为找铀，就是找安全。1954年10月，终于发现了第一座铀矿。为了找到更多的铀矿，1955年中央决定在全国开始大面积勘探铀矿，同时组建一支包括地质学家、物探技术员、水文工作者，还有复员军人的勘探队伍。之后，519队和309队相继成立。

就是铀矿！就是铀矿！

念念不忘，必有回响。在不懈的努力和殷切的期盼下，好消息在1954年的春节悄然降临。

在对过往资料的梳理中，两份记录引起了技术人员的注意。一份是1938年日本人富田达记述的在辽宁省发现有铀。另一份是1943年我国地质学家南延宗记述的在广西省发现有铀。兴奋的技术员们来不及享受这传统佳节绚烂的烟火和热闹的氛围，立刻整装出发。

1954年10月，地质部普委二办派出由地质、物探、测量等20多人组成的花山工作队，对广西省富钟县花山区可能存在铀矿的地方进行调查。在这里，花山工作队有了重大发现，他们在黄羌坪发现了附着在蛋白石、方解石表面的钙铀云母等次生铀矿物。闻讯赶到的苏联专家拉祖特金连夜上山再次检测确认，激动地喊道："就是铀矿！就是铀矿！"很快，他们在这里采集到了中华人民共和国第一块铀矿石。

这次发现给全队同志以极大鼓舞。拉祖特金更加兴奋，多次表示这是一次难得的发现。他带领大家在晚间上山进行荧光探测，还亲自参加编录、详测，部署揭露工程，一再叮嘱要把最好的标本送回北京，作为重要的实物资料。

时任地质部副部长的刘杰马上打通了周恩来总理办公室的电话："总理！我们在广西省发现铀矿了！"一向处事冷静的周恩来总理听到电话后也无法按捺激动的心情，这句话，他等了好久，等得好苦。得知消息的毛泽东主席要求尽快把矿石标本送到中南海，亲自检验。

这是关系国家命运的大事

1954年10月下旬，这块铀矿石被带到北京，拉祖特金请刘杰及苏联专家组组长库索奇金观看了此矿石，并汇报了调查的情况。

1955年1月15日，是中华人民共和国历史上具有特殊意义的一天。

这一天，中共中央书记处扩大会议按时召开，专门邀请了地质学家李四光和核物理学家钱三强参会。毛泽东主席亲自主持并开宗明义地对两位科学家说:"今天,我们这些人就当一回小学生,就发展原子能的有关问题,请你们来上一课。"

两位科学家讲了我国铀矿资源的勘查情况、核科学技术的研究情况、核反应堆和原子弹的基本原理,以及发展原子能事业所必须具备的条件,并对中国的铀矿资源前景做出了预测。接着,刘杰汇报了在广西省发现铀矿石的经过,并向在场的领导展示了这块矿石标本。用于探测放射性的盖革计数器在测量该矿石时发出"嘎嘎"的响声,一听响声所有人都感到十分欣喜和兴奋。

1950年5月成立的中国原子能科学研究院旧址（北京东黄城根甲42号）

满足、期待、希望、热烈在这一刻充斥着整个中南海办公室,而后又是短暂的沉默。突然,毛泽东主席铿锵有力地说:"原子弹这件事总是要抓的,现在到时候了,该抓了!"这一天注定是一个不平凡的日子,这是一次对中国核工业具有重大历史意义的会议,是一个历史起点的标志,它做出了中国要发展原子能事业的战略决策,标志着中国核工业建设的开始。

正是从这一天的这一块矿石开始,青海省海晏县金银滩的原子城拔地而起。一批核工业研究院所及厂矿开始成立与建设,钱三强、邓稼先、朱光亚

位于青海省海晏县金银滩的西北核武器研制基地（221基地）

1　走进中南海的铀矿石　5

221基地生活场景

等一批科学家和数以万计的技术员齐聚于此，中国原子弹、氢弹的研制也随之开始。

1964年10月16日，随着一声巨响，中国第一颗原子弹爆炸成功了！这一声，是响彻世界的中华人民共和国崛起的声音！这一切，都源于一块小石头，它见证了中国核工业的起步与发展，是中国核工业的"开业之石"，是给予数万万中国人民幸福生活的"安全之石"，是大国重器，是中国人的底气！

作为国家核科技工业的主体，中核集团在核能发展、核电建设、核技术应用上持续发挥着骨干作用，拥有完整的核科技工业体系，肩负着国防建设和国民经济与社会发展的双重历史使命。2021年1月30日，"华龙一号"全球首堆——中核集团福建福清核电5号机组投入商业运行。这标志着我国在三代核电技术领域跻身世界前列，成为继美国、法国、俄罗斯等国家之后真正掌握自主三代核电技术的国家。我国的核电技术水平和综合实力已跻身世界第一方阵，为建设核工业强国迈出了坚实一步。

新时代，新中核，新气象，新作为。习近平总书记就核工业创建60周年做出的重要指示为中核集团的发展指明了方向。中核集团正在向"以建设先进的核科技工业体系和打造具有全球竞争力的世界一流集团，推动我国建成世界核工业强国"的"三位一体"奋斗目标迈进。

"华龙一号"全球首堆——中核集团福建福清核电5号机组

延伸阅读

铀元素

铀是存在于自然界中的最重的元素，在元素周期表中列为第92位。1789年，铀元素由德国化学家克拉普罗特发现。天然铀在自然界有3种同位素——铀234、铀235和铀238。

1954年，苏联建成了世界上第一座核电站，并投入使用。

经过几代人的努力，克拉普罗特发现的铀终于成了核工业的主角，成了世界极重要的能源资源。

目前商用核电站主要使用铀作为核燃料。1千克铀235相当于一个鸡蛋大小，但可以发电达2280万千瓦时，相当于深圳2/3家庭的日用电量，所以有"'一个鸡蛋'点亮半个深圳"之说。

虽然核弹和核电站都以铀为原料，但两者对铀纯度的要求完全不同。核弹要求铀的纯度在90%以上，而核电站的核燃料一般只需要纯度3%左右的铀。正如高度数白酒可以点燃，啤酒却不能点燃的道理一样，核电站是不会像核弹那样爆炸的。

核能是安全、经济、高效的清洁能源，是人类应对气候变化的重要能源选择，也是实现碳达峰和碳中和目标的重要选项。一座百万千瓦级核电站一年相当于减少燃煤约300万吨，减少排放二氧化碳600万吨、二氧化硫26000吨、氮氧化物14000吨、烟灰3500吨。这也相当于每年新种植了17000公顷（1公顷=10000平方米）树木。

2
截杀"黑猫"的导弹

信物名称
"红旗-2号"导弹
信物传承者
航天科工
（全称：中国航天科工集团有限公司）
信物年代
1967年
信物印迹
我国自行研制的首型地空导弹

在中国人民革命军事博物馆，有一个硕大的飞机残骸，那是由20世纪60年代我军击落的4架"U-2"高空侦察机的残骸拼成的。

在离残骸不远的地方，静静地矗立着"红旗-2号"导弹。它仿佛一位功成身退的老兵，精神矍铄，却悄然无声。很少有人知道，在它那孤傲的身形背后，隐藏着一段震惊世界的往事。

"红旗-2号"导弹是由我国航天事业和国防科技工业的中坚力量——航天科工自行研制的我国首型地空导弹。

如今"红旗"系列的防空导弹已经涵盖了中远程、中高空到近程超低空的火力范围，大有"红旗漫天"之势。和家族里身强力壮的年轻一代相比，"红旗-2号"导弹可算得上是位"老爷爷"了，虽然已经逐渐淡出了人们的视线，但它当年征战沙场，立下赫赫战功的故事，将永远被镌刻在中华人民共和国的历史中！

"红旗-2号"导弹

国防部第五研究院旧址
（来源：航天档案馆）

1967年9月8日上午9点30分，一架"U-2"高空侦察机从台湾秘密起飞，准备前往中国大陆搜集军事情报。类似的任务，那时的台湾当局早已执行了一百多次，只是当时他们不知道，这次等待他们的，将是死神的召唤。

来犯的"黑猫中队"

1962年1月13日上午7点，一架神秘的黑色飞机从台湾桃园机场起飞，经过福建蜘蛛岛上空进入大陆，穿越大半个中国，向西北地区直插而去。经过两个小时的飞行后，飞机在设在大漠深处的导弹试验基地上空肆意地拍摄高清照片。随后调头，返回了台湾。

秘密军事基地的暴露，对解放军来说无疑是一个极大的威胁，然而，防空部队却只能望天兴叹。因为派来侦察的，是大名鼎鼎的"U-2"高空侦察机。作为美国中央情报局研制的高空侦察机，"U-2"高空侦察机的飞行高度在20000米以上，这也就意味着当时世界上任何一种歼击机和高射炮都奈何不了它。即便是当时苏联最好的歼击机"米格-17"，最多也只能达到13000米的飞行高度，地面防空火炮就更不用提了。1958年起，在美国的协助下，国民党反动派组建起一支完全由"U-2"高空侦察机组成的，名为"黑猫中队"的空军侦察部队，肆无忌惮地进入中国大陆领空进行侦察。

兵来将挡，水来土掩。为对付嚣张的"U-2"高空侦察机，中国从苏联引入了"萨姆-2"地空导弹装备，并依靠它先后击落了数架来犯的"U-2"高空侦察机。然而，尽管受到损失，"黑猫中队"却并未明显减少侦察次数。到1967年，"U-2"高空侦察机已累计执行任务超过100次，无论是核弹试爆，还是中国大陆各省工业、军事、交通等目标的部署和发展，都暴露在"黑猫"的视野之下。

经过几年的实战消耗，中国从苏联进口的62枚"萨姆-2"导弹已经所剩无几。并且，"U-2"高空侦察机还被改进了，安装了机载电子预警系统，使它能在被导弹锁定后，通过自身配备的指令干扰机自动发射干扰信号，成功躲开导弹的攻击。因此，尽快研制出能够战胜"U-2"高空侦察机的国产新型地空导弹成了当时国防领域重大而紧迫的命题。

"黑猫"克星的研发

从仿制到自主研制，其中要克服的困难太多了。然而，这一步又必须迈出去，只有这样，中国的国防才能真正强大起来，国家的安全才能牢牢地攥在自己的手里。由于部队急需扩大作战空域和提高抗干扰能力，众多导弹研发人员投入到"红旗-2号"的研制工作中来，他们的心中都抱有同样一个信念：不能再让"黑猫"如此肆无忌惮！

要战胜"U-2"高空侦察机，就要摸清它们的防御方法，并针对弱点攻破它的"罩门"。雷达专家仔细研究了敌机的预警系统，发现它发出的干扰信号比真实回波信号滞后了0.3微秒，便据此设计出一个"去伪存真"的电路，用它滤掉干扰信号，留下真正的侦察机信号。随即，该电路被成功加入"红旗-2号"导弹的武器系统中。类似的改进在研发"红旗-2号"导弹的过程中足足做了21项。

1962年7月，中国"航天之父""两弹一星"元勋钱学森（左四）在发射场工作

从1965年开始研制，到1967年6月定型，我国自主研制的"红旗-2号"导弹不仅继承了"萨姆-2"导弹射程远、拦截空域大、杀伤威力强的优点，而且大大提高了抗干扰能力，综合性能得到大幅提升。

截杀"黑猫"的导弹

"红旗-2号"导弹究竟能不能打，还得真刀真枪地上战场才能见分晓。经过几个月的等待，"大考"终于到来。1967年9月8日上午，我军雷达侦测到，台军"U-2"高空侦察机从江苏启东进入中国大陆，经金山飞往杭州湾方向。

早已等候多时的地空导弹14营发现敌机来袭，立刻下令打开制导雷达。敌机见势不妙，立即释放干扰信号，向左侧大坡度逃跑。见此情景，我雷达操纵员立刻打开反干扰雷达，保证了正常跟踪，同时连续发射了3枚"红旗-2号"导弹。一分钟后，第二枚导弹一举命中目标。这是我国击落的第5架"U-2"高空侦察机。

"红旗-2号"导弹首战告捷，此消息震惊了世界。在此之前，防空部队官兵用"萨姆-2"地空导弹击落"U-2"高空侦察机时，时任外交部部长的陈毅元帅在一次记者招待会上戏称："U-2"高空侦察机是"用竹竿捅下来的"。那么这次，则是英勇的官兵们用我国自主研发的"竹竿"捅下了这架号称世界最先进的高空侦察机。随着1500多枚"红旗-2号"导弹列装空军，往日耀武扬威的"U-2"高空侦察机再也不敢进入中国大陆窥探情报了。

这是强弓长箭射天狼的自信，也是红旗招展漫天舞的豪情。"红旗-2号"导弹的问世，标志着我国的防空导弹已经由单纯的仿制走向了自主研发。它的成功，为此后一系列新型防空导弹的研制奠定了技术和人才基础，我国的万里长空才有了不断升级的钢铁屏障。

2019年10月1日，在中华人民共和国成立70周年的阅兵式中，"红旗"系列的多型导弹集体亮相，令无数国人欢呼雀跃、热血沸腾。自豪之余，也让人不由得想起那个"利剑"出鞘，刺向苍穹的第一次。

如今，在党的坚强领导下，航天科工已建立起完整的空天防御导弹武器系统、飞航导弹武器系统、弹道导弹武器系统等研制生产体系，为实现"能打仗、打胜仗"的强军目标和全面建成世界一流军队提供了强有力的支撑。

与此同时，航天科工自主创新研制的数十项技术产品护航"神舟"飞天、"天宫"对接、"嫦娥"探月、"北斗"组网、"天问"探火、"空间站"建造，有力保障了一系列国家重大航天工程任务的圆满完成。凭借着报效祖国的铮铮誓言与决心，中国航天人向全世界彰显了守卫和平的自信与担当！

"神舟十一号"飞船与"天宫二号"自动交会对接示意图
（来源：国家航天局网站）

延伸阅读

中国导弹事业发展大事记

中国航天科工集团有限公司的前身是于1956年10月8日成立的国防部第五研究院。这里是中国导弹的摇篮，是为国铸剑的起源地。

1960年11月5日，中国第一枚中近程地地导弹"东风1号"成功发射，中国人用"争气弹"打破了"中国的导弹永远上不了天"的预言。

1964年，我国第一枚地空导弹"红旗-1号"定型飞行试验获得成功；1967年，我国自行研制的"红旗-2号"地空导弹装备部队，后击落了来我国大陆窥探的美制"U-2"高空侦察机。

1966年，中近程导弹"东风-2号甲"完成"两弹结合"，核爆试验成功，彻底打破超级大国的核讹诈、核垄断。

1964—1972年，相继完成"东风-2号"中近程导弹、"东风-3号"中程导弹、"东风-4号"中远程导弹、"东风-5号"远程导弹"八年四弹"的集中研制。

1982年，潜地导弹"巨浪-1号"水下发射成功，标志着我国具备了二次核打击能力。

1984年，在中华人民共和国成立35周年阅兵式上，中国导弹首度亮相，"鹰击-8号"导弹和"红旗-2号"导弹引起世界关注。

1999年，在中华人民共和国成立50周年阅兵式上，航天科工研制生产的一系列导弹装备展现了中国导弹研制与生产领跑者的风采。

2009年，在中华人民共和国成立60周年阅兵式上，首次亮相的陆基巡航导弹成为媒体和观众竞相追逐的焦点。

2015年，在纪念中国人民抗日战争暨世界反法西斯战争胜利70周年阅兵式上，中国导弹成体系亮相惊艳世界，振奋国人。

2017年，在庆祝中国人民解放军建军90周年朱日和阅兵式上，导弹装备首次以战斗姿态在沙场"亮剑"。

2018年，在中国南海海上阅兵式上，搭载着各型导弹装备的人民海军战舰壮我海疆。

2019年，在中华人民共和国成立70周年阅兵式上，由航天科工牵头抓总的体系化、系列化、实战化的国产现役导弹武器主战装备以空前阵容威武参阅，部分装备首次亮相。

3
"丈量"世界的比例尺

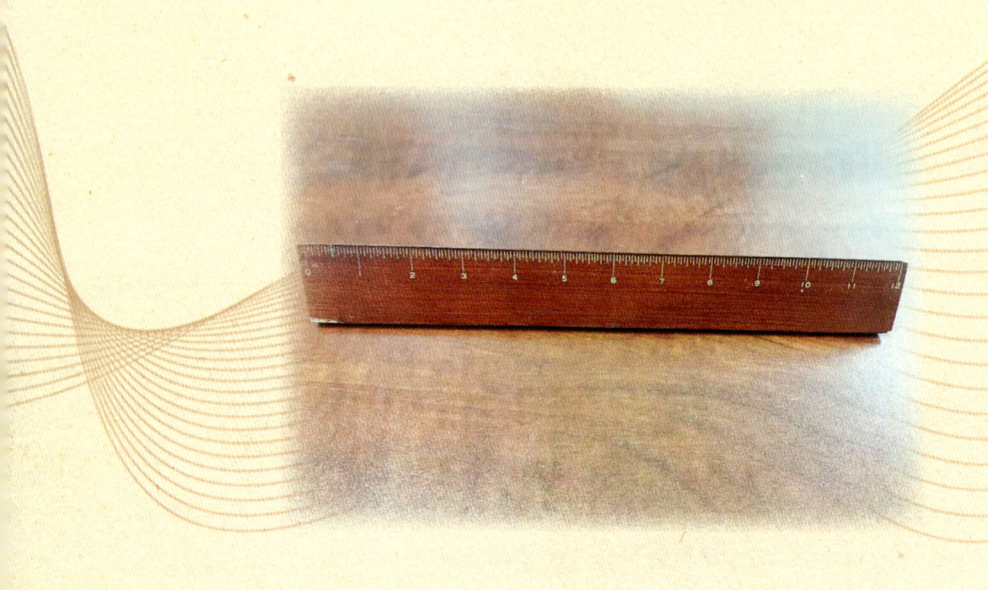

信物名称

绘图比例尺

信物传承者

中国船舶集团

（全称：中国船舶集团有限公司）

信物年代

1981年

信物印迹

测量中国第一艘出口船"长城号"

"这太令人难以置信了，不会是我测量错了吧？"验船师似乎不敢相信这样的结果，于是马上当场认真仔细地又测量了一遍。

事实证明，第一次的测量准确无误。

"推出去"的第一艘货轮

时间倒退到1977年的冬天，刚刚恢复工作的邓小平同志对赴任第六机械工业部（以下简称六机部）部长的柴树藩指示："中国的船舶要出口，要打进国际市场。"只有"出口"，才有可能走出船舶工业当时的困境，杀出一条生存的"血路"。邓小平同志的这个指示，后来被人们形象地称为"推船下海"。

得到指示后，柴树藩决定以香港作为"出海"的突破口，推动中国船舶进入国际市场。

1980年年初，在六机部召开工作会议期间，有外商要在我国建造一艘2.7万吨散装货轮，条件是要按照英国劳氏船级社（LR）和日本JSQS质量标准设计建造，需要符合23个国际规范、规则和公约的要求。对于当时的中国船舶制造业来说，建造万吨级货轮是一次重要的历史机遇，更是一次前所未有的挑战。六机部迅速征求了几个船厂的意见，但它们都认为暂时尚有困难，不能承担。后来，柴树藩找到了大连造船厂的厂长孙文学，问他："敢不敢干？"经过一番考虑后，孙文学回答："我们敢干，我们厂能干，这艘货轮的建造任务我们接了！"

1980年5月，中国船舶贸易公司、大连造船厂与香港联成航运公司在北京签订了建造一艘2.7万吨散装货轮的合同。

那时，技术人员为造船车间提供的施工设计图全部为手工绘制。据统计，为了这艘货轮，建造技术部门共绘制图纸3400多张。在当时设备落后的条件下，没有精密的测量工具，尺子对于当时的大连造船厂的工人来说，就是最重要的工具。设计建造一艘2.7万吨的货轮，从船的外部设计到内部部件的设计，全程靠的就是人手一根铅笔和一把小小的比例尺。

1982年，大连造船厂厂区

按照合同要求，货轮要符合英国劳氏船级社的标准。劳氏船级社是世界上成立最早的一个船级社，其机构庞大，历史悠久，在世界船舶界享有盛名，也是国际公认的船舶界权威认证机构。而仅凭手中的铅笔和尺子造出的货轮，能否符合国际标准呢？

开创新纪元

为了查验质量，货轮完工交船前，船东包玉星带着外国验船师来到了大连造船厂，验船师将信将疑地对船体5项主尺寸进行了测量。测完后，他大吃一惊，因为5项指标中，有一项误差几乎为零，一项误差为1毫米，一项误差为2毫米，其余两项也大大低于允许的误差要求。于是就有了开篇再次测量依然准确无误的一幕。

经过540天的努力奋战，1981年9月，一艘2.7万吨散装货轮造成了。这艘承载了无数人心血的货轮被命名为"长城号"。

9月14日上午8时25分，大连造船厂盛况空前：伴随着上千个五彩缤纷的气球冉冉升起，"长城号"沿着平展的滑道徐徐滑向大海，在场的很多造船工人都激动地流下了热泪。

这是中国第一艘出口货轮，也是我国船舶工业史上第一次按照国际规范和标准建造的万吨级以上船舶。

1981年，"长城号"货轮下水典礼

下水典礼结束后，前来剪彩的谷牧副总理将一把小尺子送给了大连造船厂，作为纪念。

"长城号"货轮交工后，于1982年1月起锚离开大连。离港的那天，无数船厂工人驻足码头。望着"长城号"渐行渐远的身影，大家恋恋不舍。

"长城号"货轮首航经日本驶向美国，途中经受住了4次狂风巨浪的考验。一次是在横渡太平洋时遇上了8级风浪，船体倾斜达45°，但船从未偏离航向，各种设备运转正常，最终经过6个昼夜的奋战，安全抵达美国洛杉矶。经检查，全船万米焊缝无一处破损，油漆无一处剥落。"长城号"货轮的高品质因此被广泛传播，赞誉纷至沓来。船东包玉星立即致信大连造船厂，高兴地把"长城号"货轮誉为"无可怀疑的优秀船只"。同时，他还在报纸上发表文章，盛赞大连造船厂的船舶建造质量。英国劳氏船级社主席评价说："'长城号'货轮的出口，开创了中国船舶工业的新纪元。"邓小平同志知道后也称赞道："这次的合作是成功的。"

"长城号"货轮出海的成功，有力地宣告了中国船舶制造业具有承建国际水平船舶的能力。作为中国制造的第一艘出口船，它也成为英国劳氏船级社122年历史上第一个注册的中国船舶。

这不仅是大连造船厂的一次突破和创新，更是中国船舶制造业的一次大的提升。凭借"长城号"创下的信誉，大连造船厂在国际市场的影响迅速扩

17.4万立方米大型液化天然气船

21万吨散装货船

极地科学考察破冰船"雪龙2号"

大，不久便与一些欧美国家签订了大量订单。

与此同时，在大连造船厂这个"掌尺人"的带动下，中国船舶工业也实现了从国内走向国际市场的重大转变，在经受了国际市场激烈竞争考验的同时提高了造船能力，扩大了世界影响，成为国际船舶制造业队伍中的一支重要力量。

中国船舶"领航"世界

今天，中国船舶工业能够设计建造符合世界上任何一家船级社规范、满足国际通用技术标准和安全要求、适航于世界上任一航区的各类现代船舶，不仅实现了散装货船、油船、集装箱船三大主力船型的自主批量建造，而且在舰船、液化天然气船、各类海洋工程装备、载人深潜器、非船工程等领域取得了历史性突破，在若干船舶科技领域实现了由跟跑者向并行者甚至向引领者的转变。

延伸阅读

散装货船

　　散装货船是专门用来运输如煤炭、矿石、木材、牲畜、谷物等大宗干散货物的船舶，也可称为干散货船，或简称散货船。

　　由于谷物、煤和矿砂等的积载因数（每吨货物所占的体积）相差很大，所要求的货舱容积的大小、船体的结构、布置和设备等许多方面都有所不同。因此，一般习惯上仅把装载粮食、煤等货物积载因数相近的船舶称为散装货船，而装载积载因数较小的矿砂等货物的船舶则被称为矿砂船。

　　因为散装货船的货种单一，不需要包装成捆、成包、成箱的装载运输，不怕挤压，便于装卸，所以都是单甲板船。

　　散装货船发展的一大特点是船舶大型化。推动散装货船大型化的主要因素包括：大型船的经济性较好，船舶设计和建造水平的不断提高，码头港口规模的扩大和设施的改进。1954年，散装货船平均单船吨位仅为1.9万载重吨；1973年起超过4万载重吨，已达到5.4万载重吨。散装货船船队平均单船吨位的增长主要体现在4万～6万载重吨大灵便型船、6万～8万载重吨巴拿马型船和12万～20万载重吨好望角型船的增加。目前，4万载重吨以下船舶数量明显减少。同时，各型散装货船的平均吨位也呈现出增长的趋势。

　　中国船舶集团旗下外高桥造船有限公司承接的好望角型散装货船占据了目前全球好望角型散装货船市场约16%的份额，全球排名第一。作为享誉全球的世界品牌船型，好望角型散装货船是外高桥造船有限公司自主开发的"拳头"产品，拥有完全自主知识产权。经过20余年的潜心研发和升级换代，其技术性能指标始终保持全球领先。截至2021年，外高桥造船有限公司已累计承接好望角型散装货船系列订单近300艘，完工交付260余艘。

4
官田兵工厂的马尾手榴弹

信物名称
马尾手榴弹
信物传承者
兵器工业集团
（全称：中国兵器工业集团有限公司）
信物年代
1932年
信物印迹
红军最早的自制"重"武器

手榴弹还有梳着长马尾辫的？是为了好看，还是另有原因？当你被阅兵式上威风凛凛的坦克和战机震撼，为人民军队的新式武器而倍感自豪的时候，一定不会想到，在革命战争年代，红军最流行的武器竟是一种梳着长马尾辫的手榴弹。

军事工业的起点

1931年9月，在赣南、闽西根据地，红军粉碎了国民党反动派的第三次"围剿"，革命队伍迅速发展壮大，迫切需要大批枪支弹药。在此之前，红军还没有正式的、大型的兵工厂，也没有专业的技术人员，只有一些小型的、作坊式的修械所和修械处。所以在新的形势下，红军急需建立一个兵工厂。

经过一次又一次的讨论和选址，最终，第一个兵工厂选择建在江西省兴国县的官田村。这里背山面水，极为宁静隐蔽，是赣南苏区的中心腹地之一。选择这里，一方面可以安全地制造武器，另一方面也可以把武器最快最

江西省兴国县官田中央军委兵工厂总务科旧址

安全地送到战场。1931年10月，在中央革命军事委员会的指示下，官田村成立了由中国共产党独立创办的第一个兵工厂——官田中央军委兵工厂（简称官田兵工厂），从此揭开了中国军事工业发展的序幕。

纯手工的"重"武器

中国军事工业发展的开端是一颗手榴弹。与我们在影视作品中见到的不同，这颗手榴弹有着一条长长的用麻绳制作的马尾辫。它的名字也十分符合它的形象，叫作"马尾手榴弹"。

万事开头难。官田中央军委兵工厂刚成立时，由于资金短缺，设备极其简陋，整个兵工厂的全部家当只有4座打铁炉、300多把老虎钳和锉刀，所以它的主要工作还只能是修复损坏的枪械、翻造子弹。但此时的前线，红军的武器极其紧缺，新战士入伍后，只能拿着梭镖大刀上战场，而敌人的武器较为精良，所以每一次的战斗都伴随着巨大的伤亡。面对随时会卷土重来的敌人，兵工厂工人在一穷二白的条件下想尽一切办法，用仅有的资源制造武

江西省兴国县官田中央军委兵工厂枪炮科陈列的兵工厂工人修理的枪械

官田中央军委兵工厂工人制造地雷的场景还原

器供给前线。

聪明勤劳的兵工厂工人没有让党和人民失望,在一次又一次的实验和构图设想后,他们终于研制出了一种拴着一条近半米长马尾辫的手榴弹。它的弹身很粗糙,在没有机器设备的条件下,完全是由兵工厂工人的双手制作而成的。里面装的炸药也是工人们用土硝精心熬制的。而那根马尾辫则取材于当地常用的麻绳。

为什么手榴弹要系上一根长马尾辫呢?这里面有着工人们的大智慧。战士们投弹时只要用手握住长马尾辫的末端,旋转几圈后再甩出去,在离心力的作用下,手榴弹就能飞得比手持手榴弹更远。此外,马尾辫起到了平衡手榴弹的作用,能保证弹头先落地,这样就大大提高了投弹准确率和对敌的杀伤力。

虽然马尾手榴弹还是难以匹敌敌人先进的武器装备,但作为红军仅有的"重"武器,已经给前线战士们带来了莫大的鼓舞和战斗力,帮助我军有效打破了敌人的围攻。

粉碎围剿的马尾手榴弹

招之即来，来之能战！1932年5月的一天，官田中央军委兵工厂接到紧急指示，要迅速制造一批马尾手榴弹支援前线作战。于是，一张张设计图纸，一次次试制零部件，夜以继日地赶工，那是汗水、钢铁、炸药、麻绳共同发酵的每一分每一秒。经过加班加点的辛勤工作，第一批由兵工厂工人自主制造的马尾手榴弹送上了战场，对前线作战部队取得最终的胜利起到了关键作用。

在从成立到搬迁的两年半时间里，官田中央军委兵工厂累计修配步枪和驳壳枪40000余支、机枪2000多挺、迫击炮100多门、山炮2门，生产子弹400000余发、手雷60000多枚、地雷5000余个、手榴弹60000余枚，有力地支持了反"围剿"斗争，为红军取得一次又一次胜利做出了重要贡献。

抗日战争胜利后，随着人民兵工技术水平的不断进步，武器装备也焕然一新，曾经立下汗马功劳的马尾手榴弹也随着兵工技术的进步逐渐退出了战场。但它为党和人民留下的深刻印象会在历史的长河里永远闪闪发光。

今天，我国研制的武器装备已经实现了跨越式的发展，自主创新取得重大标志性成果：从马尾手榴弹到99A主战坦克，我国的兵器工业已从"跟跑"向"领跑"迈进。当新式武器一茬接一茬地更新亮相，让我们升起民族自豪感之时，请不要忘记那个梳着马尾辫的手榴弹，我们热爱的每一寸安静祥和的壮美山河，都是它和它背后的兵工厂工人为我们守护的，也是红军战士们用鲜血为我们守护的。

延伸阅读

官田中央军委兵工厂

官田中央军委兵工厂创建于1931年10月，位于江西省兴国县兴莲乡官田村，是中央红军第一个大型综合性兵工厂，也是苏区时期规模最大、设备最全、技术最先进、人员最充实、机构最完整、实力最雄厚的兵工厂，被称为"人民兵工的始祖""人民军工发祥地"。

官田中央军委兵工厂创建初期设总务科、枪炮科、弹药科、利铁科、工人俱乐部、护厂特务连、医务所和后勤保障部等。在2年6个月里，兵工厂从初建时仅有的几十名工人，发展到300多人，设备从仅有锉刀、老虎钳、打铁炉发展到有发电机、车床和鼓风机等机械设备。

官田中央军委兵工厂为中国工农红军的发展壮大和反"围剿"斗争的胜利做出了重大贡献，并培养造就了一大批技术骨干和管理人才，为人民军工事业的发展奠定了基础。中华人民共和国成立后，官田中央军委兵工厂旧址群被列入全国重点文物保护单位和第二批"百个全国爱国主义教育示范基地"，成为人民兵工精神教育和传承的重要基地。

5
身经百战的"汉阳造"

信物名称
"汉阳造"步枪
信物传承者
兵器装备集团
（全称：中国兵器装备集团有限公司）
信物年代
1896年
信物印迹
土地革命战争时期红军的重要武器

1927年8月7日，盛夏的酷暑混杂着江水潮腻的湿气，为整个汉口笼罩了一层压抑的气氛。在原俄租界三教街的一座3层小楼内，中共中央政治局的成员们秘密地聚集在一起，讨论着中国革命未来的方向。

革命已经到了最危险的时刻。在刚刚过去的3个月间，蒋介石背叛革命，发动了反革命政变，大肆屠杀共产党员和革命群众，整个中国已经被白色恐怖所笼罩。坐以待毙是不可能的，但是要怎样斗争？是按照原有的方式继续发动工人群众，还是转而进行武装起义？

讨论正酣之时，34岁的毛泽东站出来坚定地说道："政权是由枪杆子中取得的！"在他的建议下，党中央最终决定在湘、鄂、赣、粤4省发动起义，以挽救革命于危亡。

屡立战功的"汉阳造"

回到家乡湖南，毛泽东开始谋划于一个月后秋收时节发动起义。然而，摆在他面前的是一个巨大的难题：敌人是装备精良的国民党军队，而我们革命队伍的手里却连足够的枪械都没有。枪杆子里出政权，可从哪里搞到足够的"枪杆子"呢？一筹莫展之际，毛泽东突然想到了一个人——唐生明。

唐生明出身显赫，他的哥哥唐生智时任武汉国民政府第4集团军总司令，而他本人正跟随哥哥在武汉北伐军中担任副师长，手中握有大量国民党标配的枪械——"汉阳造"步枪。之前毛泽东在湖南一师附属小学任主事的时候，唐生明是他的学生，两人师生情谊深厚。毛泽东意识到，从他身上应该能找到突破口。

接到请求支援的信件，唐生明没有犹豫，立刻应允。然而，如何将一大批枪支弹药运到起义部队的手里让他着实犯了难。当时，国民政府对枪支的运输有着一套极为严格的管控规定，而"汉阳造"步枪也不像手枪那样便于藏匿。眼看秋收起义迫在眉睫，几经思量之后，唐生明决定铤而走险。

几天后，一张签有武汉国民政府第4集团军总司令唐生智名字的调运单被送到了汉口的兵工厂，上面写着：由于军事用途，急需调运300支"汉阳造"步枪和近万发子弹。兵工厂的负责人没有怀疑，立刻将枪支清点完毕、运出工厂，却不曾料到，这张调运单上的落款是由唐生明模仿他哥哥的笔迹签下的。

拿到了这批"汉阳造"步枪，唐生明立刻动身，赶在兵工厂核查上报之前，亲自率领警卫团的一个连，护送枪械登上了由汉口南下的列车。

没过多久，这批枪械被成功运抵浏阳县文家市镇，并辗转交到了秋收起义部队的手里。几天后，这支部队有了自己正式的番号：中国工农革命军第一军第一师。在毛泽东的带领下，他们手握着"汉阳造"步枪，从湘赣边界开始，踏上了漫漫革命征程！

从秋收起义到红军长征，从抗日战争到解放战争，"汉阳造"步枪累计生产达到100万支，为实现民族独立和人民解放建立了不可磨灭的历史功勋。中华人民共和国成立后，"汉阳造"步枪继续扮演着重要角色。1950年抗美援朝战争时，中国人民志愿军仍有许多部队持着"汉阳造"步枪抵御外侮，共赴国难，在冰天雪地中与以美国为首的"联合国军"拼杀，书写下可歌可泣的英雄事迹。

不过，在中国兵器人的心中，总是留有一个遗憾：作为以德国步枪为模板生产的武器，"汉阳造"步枪依然用的是外国的图纸、外国的技术。作为一个独立自主的大国，要有自己的枪，还要造出世界上最好的枪，这是中国兵器人百年的夙愿。

开拓进取，保家卫国

1964年6月15日下午，北京西山射击场，毛泽东主席、周恩来总理等党和国家领导人齐聚于此，观看济南部队的军事汇报表演。

两名半自动步枪手对150米外的80个钢板胸靶速射开始了。"铛铛"之声响过，一个个靶子纷纷落地，弹无虚发。毛泽东主席放下望远镜连连鼓掌，十分高兴地对身边的人说："把神枪手的枪拿来看看。"时任中国人民解放军总参谋长的罗瑞卿将枪递给主席，并介绍说："这是我们自己造的半自

中国自行制造的"56式"半自动步枪

动步枪,打得快,打得准,性能好。我们打了几十年仗,都没有用过这样好的枪!"

　　这就是中国自行制造并制式列装进军队的"56式"半自动步枪。它结束了我军轻武器"万国牌"的局面,也让我国的枪械正式踏上了自主研制的道路。毛泽东主席兴致勃勃地拿过枪,做了一个瞄准的动作。见此情景,一旁的摄影师迅速按下快门,拍下了这一珍贵的历史镜头,为世人留下了毛泽东主席唯一一张持枪的照片。

　　从"56式"半自动步枪开始,中国兵器制造者承载着革命先辈强军报国的梦想,不断刷新着轻武器自主研发的成就。1997年在香港政权交接仪式上,握在驻港部队年轻战士手中的是当时世界上"精度最高、重量最轻、尺寸最小、有效射程最远"的枪械——"95式"枪族。它向全世界昭告:我们中国的枪械制造业已经跻身世界顶尖水平!

　　"汉阳造"步枪是一个缩影,透过它,我们看到了近代中国与世界的纷争较量。它见证了中华民族从落后挨打到涅槃重生的沧桑巨变。从它的身上，我们深切地感受到兵器工业对一个国家无可替代的重要性。

有一种精神，穿越历史的云烟，历久弥新；有一种情怀，历经时代的风雨，更臻醇厚。如今，作为中国国防科技工业的骨干力量，兵器装备集团的产品覆盖了末端防御、轻武器、先进弹药、机动压制、反恐处突5个领域，装备着我国陆军、海军、空军、火箭军及公安、武警等国家所有武装力量。兵器装备集团正坚持"自力更生、艰苦奋斗、开拓进取、无私奉献"的人民兵工精神，肩负"强军报国、强企富民"的神圣使命，努力实现中华民族强军强国的愿望！

兵器装备集团典型武器弹药产品

延伸阅读

汉阳兵工厂

汉阳兵工厂是晚清时期洋务运动的代表人物张之洞到湖北后主持创办的军工制造企业，原名湖北枪炮厂。该厂制造的"汉阳造"步枪曾经是中国军队的主力枪械。无论是国民党军队，还是八路军、新四军和游击队，都曾大量使用。

1888年（清光绪十四年），两广总督张之洞拟于广州设立枪炮厂，并在德国订购机器设备。1889年，张之洞调任湖广总督，遂决定将机器设备运至湖北。1892年，在汉阳大别山（今龟山）北麓正式开始建厂，与湖北铁政局合为一体，由蔡锡勇任总办。1893年，厂房落成，机器到齐；1895年，正式开始制造。1895年5月，枪炮厂与湖北铁政局分立，独立建制，归湖北枪炮总局管辖，仍由蔡锡勇任总办。1906年，枪炮厂改称汉阳兵工厂。后几经扩充，共计有枪厂、炮厂、枪弹厂、炮弹厂、炮架厂和火药厂等分厂。

虽然汉阳兵工厂创建时间晚于上海、南京、天津等地的军工企业，但由于它不惜花费巨资从德国引进了当时最先进的制造连珠毛瑟枪和克虏伯山炮等的成套设备，所生产的"汉阳式79"步枪（汉阳造）、陆路快炮、过山快炮，均是当时较先进的军事装备，因此成为晚清规模最大、设备最先进的军工企业。

辛亥革命时，北洋军攻陷汉阳，工厂遭到破坏。1912年后，逐步恢复生产。其于1915年隶属北洋政府督办兵工厂事务处，于1917年改隶陆军部，于1929年归国民政府军政部兵工署管辖。1938年6月，奉命迁往湖南辰溪，并于同年11月改称军政部兵工署第一兵工厂。

1939年年底，日本战机袭击辰溪，第一兵工厂遭到破坏。1940年年初，第一兵工厂奉命迁往重庆。在迁移过程中，宜昌沦陷，水运阻塞，部分未迁到重庆的分厂与南迁至辰溪孝坪的兵工署第十一兵工厂合并，称第十一兵工厂，后发展成为今天的湖南云箭集团有限公司；迁移至重庆的部分发展成为今天的重庆建设工业（集团）有限责任公司。

6
中国第一部国产雷达

信物名称

314甲中程防空警戒雷达

信物传承者

中国电科

（全称：中国电子科技集团有限公司）

信物年代

1953年

信物印迹

中国第一部国产雷达

1953年的一天，尖锐的铃声打破了寂静的时光。

在南京郊外的一处僻静山村，几十个年轻人汇聚一堂，他们紧盯着眼前的雷达天线，对方圆几百里之外的一个微弱信号翘首以待。信号的成功传递将意味着中国雷达工业就此起步。

中国雷达工业发源地——南京第一电信技术研究所

68年前，在第一批雷达人的不懈努力下，中国终于具备了自主凝视天空的能力。中国的第一部国产雷达便是由中国军工电子主力军——中国电科的前身，军委通信部南京第一电信技术研究所研发的。

一片漆黑的除夕

1950年2月6日，尖锐的防空警报声响彻上海。为了破坏上海地区的经济恢复与建设，国民党空军17架轰炸机从当时盘踞的舟山群岛起飞，在上海投弹60多枚，对上海的电力、供水、机电等重要生产企业狂轰滥炸。随之工厂停工、基础设施瘫痪，电力设备的损坏程度更是高达80%。中华人民共和国成立后的第一个除夕，上海竟是一片漆黑。

自中华人民共和国成立以来，溃逃到台湾的国民党反动派不甘心失败，频频对沿海地区进行空袭。尽管解放军在沿海地区设立了对空监视哨，但由于雷达装备不足，哨兵们只能用手中的望远镜观测国民党飞机，缺乏远程预警能力，无法进行有效的阻止和抵抗。

从零开始的雷达研发

当时,远在千里之外的南京第一电信技术研究所是新中国唯一的雷达研究机构。20多岁的研究所所长申仲义第一时间接到中央军委的任务,他将带领一支以年轻人为主的研发团队,踏上中国国产雷达的研发之路。

20世纪50年代初期,中国的第一批雷达人,在南京一座小红楼里揭开了国产雷达研发的序幕。当时的研究所里没有一张雷达图纸,只有一台缺少天线的苏式雷达样机,但发射和接收信号的天线恰好是雷达的主要组成部分,也是难度最大的部分。在没有任何借鉴和参数的情况下,天线到底要怎么设计,申仲义只能带领他的研发团队从零开始。

中国雷达工业创始人之一申仲义

就在研究人员对雷达天线的设计一筹莫展时,申仲义得知东北地区有一部苏联的防空警戒雷达,于是他立即前去观摩学习。经过近一个月的观察,申仲义终于看清了苏式雷达的天线是上下排列的八木天线,也基本弄清了天线的物理尺寸。

1951年5月2日,凌晨1点的小红楼依然灯火通明。这是申仲义回到研究所后召开的第一场会议,经过一次又一次的对比分析,研究人员一致认为,八木天线的探测距离更远,方位分辨率也更加准确。

314甲中程防空警戒雷达

在没有任何参考和借鉴的情况下,申仲义带领他的团队,开始着手八木天线的实验。想要仿制八木天线,就需要进行无数次调整、无数次记录——

天线各振子的长度、各单元之间的距离及如何匹配等，丝毫的差错都可能影响到雷达的探测精度。

根据申仲义的描述，研究人员不断地绘图、改进八木天线，在分析、摸透雷达天线电路原理的基础上进行反设计。尽管这样的设计方式犹如管中窥豹，但通过一次又一次的实验，中国的雷达工业与西方大国之间的发展差距正在逐渐缩短。

从初夏到深冬，研究所几乎每天晚上都灯火通明，每个人都有一股盼望着早日研制成功的韧劲。他们每天工作18个小时，有时晚上回到宿舍想起新办法，又悄悄回去做实验，仅测绘的草图堆在一起都有半人高。

1953年，在南京郊外的一个偏僻山村，外场试验终于开始了。经过89次场外测试后，研究人员终于向国家交出了一份令人满意的答卷。这部雷达的探测精度提高至800米，研究人员将它命名为"314甲中程防空警戒雷达"（以下简称314甲雷达）。314甲雷达的成功研制，让中国拥有了第一部批量装备部队的国产雷达，中国的雷达工业就此起步。

中国自主研发的历代雷达演进图（以地面情报领域为例）

- 1953年：我国第一部自行设计制造的雷达——314甲雷达
- 1955年：我国第一部米波远程警戒雷达406，这是我国早期雷达网的骨干雷达
- 1977年：7010雷达是我国第一部远程战略预警雷达，这是毛主席、周总理亲自批准研制7010大型相控阵弹道导弹预警雷达
- 1995年：502雷达是我国第一部全固态远程警戒雷达，曾获"1995全国十大科技成就奖"
- 2016年：我国第一部四代反隐身情报雷达YLC-8B首度公开亮相珠海航展，标志着我国情报雷达全面进入反隐身时代从修配仿制到自力更生，中国雷达人通过在技术领域的不断探索和攀升，由陆向海，由空向天，先后创造了多项"中国第一"。从314甲雷达起步，中国电科人突破技术封锁，实现了从仿制到自主研发的飞跃；保障"两弹一星"，为"神舟"飞天护航，先后研发了地基雷达、舰载雷达、机载雷达和预警机雷达系统。它们凝结着历代雷达人的智慧与汗水，时刻执行着警戒任务，为祖国的和平与安宁守护一片没有盲区的天空。

如今，314甲雷达早已退役多年，为了纪念它的特殊意义，中国电科将它保存在由南京第一电信技术研究所发展而来的第十四研究所。一路走来，从我国第一个雷达研究所，到拥有电子信息领域完备科技创新体系的国有重要骨干企业，中国电科始终与党同行，自力更生，肩负着军工电子主力军的重任。新时代赋予中国电科新的国防使命，但"不忘初心，敢想敢做"的雷达精神，将代代铭记，薪火相传。

参加中华人民共和国成立70周年阅兵式的机动式多功能相控阵雷达

延伸阅读

雷达原理

雷达一词，源自英文"radar"，意思为"无线电探测和测距"，即用无线电波（一种电磁波）的方法发现目标并测定它们的空间位置。因此，雷达也被称为"无线电定位"。一部雷达一般包括发射机、天线、接收机、信息处理设备、终端显示等部分。

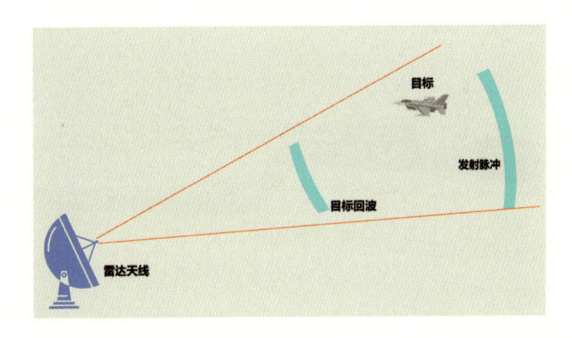

雷达是利用电磁波探测目标的电子设备，所起的作用与眼睛、耳朵相似。雷达发射电磁波对目标进行照射并接收其回波。电磁波在空中传播的速度为光速，我们通过发射和接收的时间差，即可以计算出目标至电磁波发射点的距离。雷达天线发射和接收电磁波还具有一定的方向性，通过天线的指向信息可以获得目标的方位和俯仰信息，这样就可以对目标进行定位。同时，雷达还可以通过测量返回电磁波的多普勒频率从而获得目标的速度。

雷达原理

雷达根据平台不同，可以分为地基雷达、机载雷达、舰载雷达、星载雷达等；根据功能不同，可以分为预警雷达、火控雷达、测控雷达、成像雷达等；根据工作原理不同，可以分为机械扫描雷达、相控阵雷达、外辐射源雷达、多基地雷达等。

雷达除在军事上发挥重要作用，在民用领域也有着广泛应用，比如天气雷达可以通过测量云层进行天气预报；航管雷达可以用于空中交通管理；汽车雷达可以测量障碍物位置；反无人机雷达可以用于重点目标的安保。

7
"铁人"王进喜的刹把

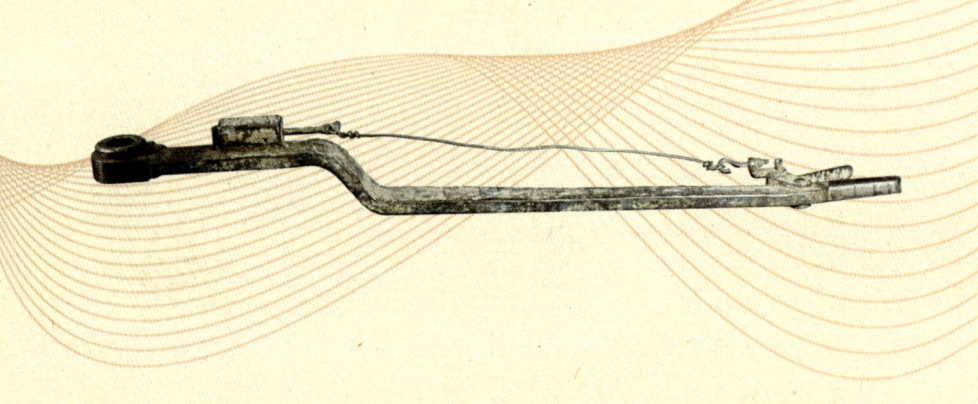

信物名称
"铁人"王进喜的刹把
信物传承者
中国石油
(全称：中国石油天然气集团有限公司)
信物年代
1960年
信物印迹
开启中国石油工业新纪元的刹把

刹把是什么？或许知道的人很少。刹把手里掌握着3条命——一条打这口井的命、一条石油设备的命、一条石油工人的命，刹把掌控着钻头的行进速度和方向，一旦操作不当将会出现井毁、人伤亡的重大事故。就是用刹把，王进喜带领1205钻井队仅用124小时，打成了一口深1200米的油井，创造了当时世界石油钻井史上的奇迹。

1960年6月1日，大庆油田第一列原油列车从萨尔图火车站（今大庆火车站）始发。从此，国家急需的"工业血液"通过铁路被运往祖国各地，60多年来没有停息。

血肉之躯打通油井

石油工业是一个国家的重要经济产业，1949年中国石油年产量12万吨，不足世界石油年产量的0.024%，而当时中国人口总数为5亿多人，占世界人口的22%。

1959年，王进喜作为石油战线的劳动模范到北京参加"群英会"，看到大街上的公共汽车，车顶上背个煤气包，他奇怪地问别人："背那家伙干啥？"人们告诉他："因为没有汽油，只能烧煤气。"这话像锥子一样刺痛了他。

朱德总司令说："没有油，汽车、火车、飞机、坦克就是烧火棍。"毛泽东主席感慨地说："看来发展石油工业还得革命加拼命！"

经历了煎熬的10年，1960年2月13日，石油部给党中央递交的《关于东北松辽地区石油勘探情况和今后工作部署问题的报告》中明

20世纪50年代，配备煤气包的公共汽车

信物百年：红色财经（上卷）

确指出大庆有石油，仅仅7天，党中央就批复"全力以赴发展大庆"。

一场从根本上改变中国石油工业落后面貌的大会战拉开了序幕。

玉门油田的石油工人王进喜也带领1205钻井队，从西北千里迢迢赶到此地参与会战。

一到大庆，呈现在王进喜面前的是许多难以想象的困难——没有公路、吊车，车辆不足，吃和住都成问题。王进喜和他的同事们却下定决心，即使天大的困难也要高速度、高水平地拿下大油田。虽然钻机、井架子、泥浆泵到了，但是没有吊装设施，总重量达60多吨的一套钻井设备全靠37名工人用棕绳、撬杠、铁管等工具，用滚杠加撬杠，靠双手和肩膀，奋战三天三夜，人拉肩扛地搬运到井场上并起架组装，最终将井架迎着寒风矗立在荒原上。这就是会战史上著名的"人拉肩扛运钻机"。

王进喜1205钻井队

20世纪60年代，大庆油田"人拉肩扛运钻机"工作场景

"要开钻了，可没有水，咋办？"王进喜问"小老虎"。"小老虎"说："用盆端。"王进喜振臂一呼，带领工人到附近水泡子里破冰取水，硬是用脸盆、水桶，一盆盆、一桶桶地往井场端了50吨水。当时老队长王进喜喊出了激励几代人奋进的话："有条件要上，没有条件创造条件也要上！"

终于在1960年4月14日，王进喜带着1205钻井队打成了一口深1200米的油井。5月25日，这口井开始自喷生产，每日产油113吨。直到今天，这口井还在持续产油，60多年来累计产油15.2万吨以上，而这口井也与故宫、长城一起被列为国家重点文物保护单位。

在指挥工人将放井架往第二口井搬家时，王进喜被滚堆的钻杆砸伤了右腿，可他不顾伤痛继续指挥。1960年4月29日，他带伤参加了万人誓师大会，发出了"宁肯少活20年，拼命也要拿下大油田"的钢铁誓言。

王进喜用身体搅泥浆

新的井位处于高压区，十分危险，很容易发生井喷，当时王进喜所带的1205钻井队大概有50人，一旦发生井喷后果不堪设想。然而，最担心的事情还是发生了，当钻机打到高压层后，井喷发生了。王进喜不顾伤痛，只身跳进了泥浆，硬是用自己的身体把泥浆池底的水泥搅上来，最后井喷竟然被制服了，创造了人类油田史上的奇迹。

铁人精神永不朽

1963年，周恩来总理在第二届全国人民代表大会第四次会议上庄严宣布中国石油可以自给自足了，中国终于甩掉了贫油的帽子。1978年底，中国原油产量突破1亿吨。截至2020年底，大庆油田已累计生产原油24.33亿吨，天然气1412亿立方米，上缴税费及各种资金3万亿元。

如今，中国石油拥有上万口油井，现代化的钻井机已经不需要刹把，王进喜用的那个刹把已作为国家一级文物，被珍藏在大庆铁人纪念馆。当年大庆石油会战的时候有句话曾经响彻全国："石油工人一声吼，地球也要抖三抖。"每个大庆油田员工在入职的时候，都会来瞻仰这个刹把，这已经成为大庆石油人重温光荣历史、传承优良传统和精神的重要仪式。

如今中国石油的代表性油田——长庆油田

延伸阅读

大庆油田钢铁1205钻井队

　　大庆油田钢铁1205钻井队是铁人王进喜带过的队伍，是铁人精神的发源地。1953年3月在玉门油田组建，1960年3月参加大庆石油会战，现隶属于中国石油大庆钻探工程公司钻井二公司。

　　1205钻井队自建队以来，始终胸怀"为国分忧、为民族争气"的雄心壮志，秉承"有第一就争，见红旗就扛"的队伍传统，自觉发扬大庆精神、铁人精神，先后转战玉门、曙光、华北和大庆油田，创造4项世界纪录、15项全国纪录，累计钻井2486口，进尺316万米以上，相当于钻透了357座珠穆朗玛峰，为中国石油工业发展做出不可磨灭的贡献。

　　大庆油田会战以来，包括"铁人"王进喜、"大庆新铁人"李新民等一大批英雄模范在这里涌现，为兄弟油田和单位输送技术骨干和管理干部1355余人，相当于组建40多支钻井队。

1205钻井队被石油工业部授予"铁人钻井队""钢铁钻井队""卫星钻井队"荣誉称号，先后获得中国石油"百面红旗"、全国五一劳动奖状、全国先进基层党组织、全国文明单位、全国青年文明号等300多项荣誉。

　　2009年9月21日，习近平同志到队视察，做出"要把红旗一直扛下去，弘扬铁人精神，牢记艰苦奋斗，不断锐意进取，真正把工人阶级的崇高品质、伟大精神在1205钻井队代代相传！"的重要指示。

　　如今，1205钻井队继续践行"立铁人品格，做标杆旗帜"的核心理念，在新时代发出"迎风斗雪的钻塔意志、攻坚啃硬的钻头作风、撼天动地的转盘力量、忠诚担当的铁人品格"的钢铁誓言，在大庆油田率先创新探索精益钻井生产模式。2017—2020年，1205钻井队取得了年钻井进尺10万米"四连冠"，再次刷新队史纪录。特别是2021年年初，1205钻井队完成了从3000米钻机到7000米钻机的跨越式升级，以全新的面貌挺进页岩油主战场，不断书写新纪录。

8
中国第一号发明证书

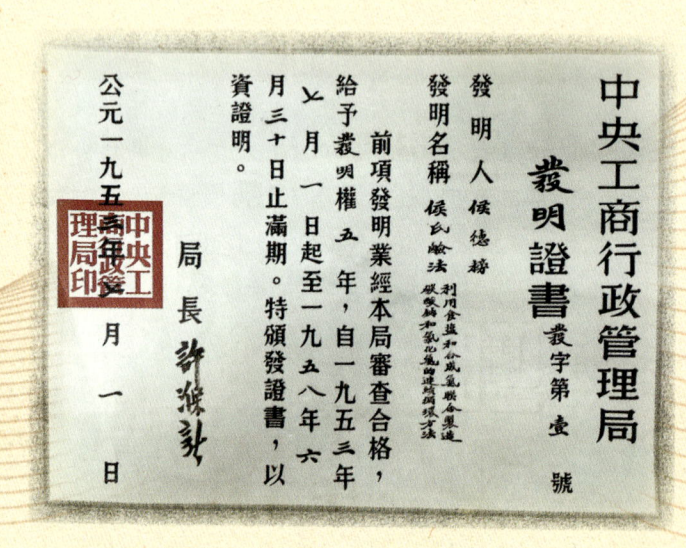

信物名称
"侯氏碱法"专利证书

信物传承者
中国石化
（全称：中国石油化工集团有限公司）

信物年代
1953年

信物印迹
中国第一号发明证书

1938年12月，四川西部老龙坝这个偏僻的山沟里，一群人突然开始凿石挖土、建房筑厂。没有人会想到，3年后，这个名不见经传的地方会因一个人、一项技术闻名世界。

打破垄断的枷锁

纯碱不仅是老百姓日常生活的必需品，更是国家发展石油工业、冶金、纺织、造纸等离不开的重要原材料。

20世纪初，我国所需的纯碱全部依赖进口。第一次世界大战期间，中国化工业极其落后，英国在华的卜内门洋碱有限公司为了牟取暴利，大肆囤积纯碱垄断中国市场，把纯碱的价格提高到了平时的六七倍，市场1磅（1磅=453.6克）纯碱的价格，相当于1盎司（1盎司=28.35克）黄金的价格。以纯碱为原料的民族工业被死死地卡住命脉，严重影响国计民生，想要实业救国必须拥有自主的制碱技术。

侯德榜自幼聪敏过人，酷爱读书。1911年，侯德榜成为清华大学唯一一个10门功课全部满分的1000分得主。1921年，正在美国哥伦比亚深造的侯德榜，收到了来自国内永利制碱公司（中国创建最早的制碱厂，开创了中国化工业的先河）创始人范旭东的聘请书，聘请他为永利制碱公司的总技师长。于是，他毅然放弃了国外良好的学术环境和已有进展的化学工业成果，回到那时孱弱的中国，走上了"工业救国"的道路。

侯德榜

坎坷的报国之路

在制碱技术和市场被外国公司严密垄断下，永利制碱公司用重金买到一

1937年，永利公司硫酸铔厂外观

份索尔维制碱法的简略资料。侯德榜埋头钻研这份简略的资料，带领广大工人长期艰苦努力，解决了一系列技术难题。

然而，好景不长。1937年12月4日，侵华日军开始攻打南京，永利化学工业公司硫酸铔厂遭到日军轰炸，此时制碱法试验刚进入关键阶段，容不得半点闪失。

南京的中共地下党组织第一时间带领工人护厂，保护关键的设备、图纸并将其转移到四川继续发展。短短3个月，就在各种物资都极度匮乏的四川省犍为县五通桥区建起永利川西化工厂，开始继续制碱法试验，保护这难得的科技火种。

工厂建好了，新的问题又出现了。制碱的原材料是食盐，然而川西地区历来用井盐，永利川西化工厂并不像在南京那样容易获得食盐。如果要从千米深井里打出盐卤再熬制，比在塘沽海边取盐费钱、费工，质量还更差，再加上内陆排污困难，种种问题一并爆发。

经过反复思量，侯德榜决定放弃一直沿用的索尔维制碱法，寻找更加有效的制碱法，寻找属于我们中国人自己的制碱法。

大山外的战火还在继续，大山里的科研也在继续，经历3000多次的试验，"侯氏碱法"终于成功了。1947年永利公司硫酸铔厂回到南京，专门建立一套装置进行生产试验，获得成功。

我们终于有了自己的制碱法！

"侯氏碱法"的研制成功，轰动世界。在那个年代，"侯氏碱法"代表着世界领先水平。然而中华人民共和国在成立前内忧外患，让它无法得到有效应用，无法发挥其巨大的科技和经济潜力。

20世纪40年代初的永利公司空有"侯氏碱法"技术，却没有一克纯碱生产出来，更没有能力实现新法制碱工业化。侯德榜也曾多次向当时的国民政府汇报发明成果、申请贷款、推广应用，但从未得到回复。

1949年4月20日，南京解放。由于旧资产阶级和上层知识界迅速激烈分化，无奈之下，侯德榜远赴印度。在印度期间，他得知中共中央领导人很关心永利公司的事业，并希望与他共商国家大计，他十分激动，力克重重阻碍，绕道泰国、中国香港、韩国赶回北京。

不久后，北京东四七条16号，永利公司办事处，一辆车缓缓停下，下车的人是周恩来总理。周总理这次专程来找一个人，正是已经回到北京的永利公司的总经理侯德榜。

中华人民共和国成立后，4亿多人民吃饭穿衣的问题是党中央急需解决的问题，纯碱和化肥的生产成为当务之急。周恩来总理这次便是专程前来与侯德榜商议"制碱"这个亟待解决的难题。

为了扩大纯碱生产，1949年开始，中央用于永利公司碱厂恢复生产的投资贷款高达563亿元旧币，相当于现在的563万元人民币。短短3年，永利公司碱厂的纯碱生产量就大幅度增长，从1949年的年产4.1万吨增长至1952

现中国石化南化公司（前身永利公司硫酸铔厂）

年的年产9.1万吨。

1953年中央行政管理局成立，就在7月1日中国共产党生日这天，把中国第一张发明证书颁发给了"侯氏碱法"，进口"洋碱"的时代一去不复返了。

欣欣向荣的中国化工业

从这项发明开始，中国化工业的科研成果呈现出欣欣向荣之景象。

从曾经一票难求的"的确良"（又名涤纶）到琳琅满目的时装；从价格低廉的家居塑料用品到高科技化工材料制作的汽车配件、液晶电视、智能手机；从生存到生活，一项又一项的化工发明源源不断地凝结成绮丽繁多的化工产品，生生不息地丰富着庞大完备的化工体系。

这一张薄薄的发明证书，记录的是一部波澜壮阔的近现代中国化工史，更是中国石化工业的里程碑。

今日中国石化厂区：氯化苯装置

今日中国石化厂区：制氢装置

延伸阅读

侯氏碱法

为解决当时国内市场急需纯碱的困境,永利公司在较短的时间掌握并改进了著名的索尔维制碱法,使工艺过程缩短,产量大增。1939年,永利公司首先提出并自行设计的新的联合制碱法的连续过程,使纯碱工业和氮肥工业得到发展,这就是著名的"侯氏碱法"。

"侯氏碱法"是依据离子反应发生的原理进行的,离子反应会向着离子浓度减小的方向进行,也就是很多初高中化学教材中所说的复分解反应有沉淀,气体和难电离的物质生成。要制纯碱,就要先制出溶解度较小的碳酸氢钠,再利用碳酸氢钠热稳定性差,加热分解得到纯碱。要制出碳酸氢钠就要有大量钠离子和碳酸氢根离子,所以就在饱和食盐水中通入氨气,形成饱和氨盐水,再向其中通入二氧化碳,溶液中就有了大量的钠离子、铵根离子、氯离子和碳酸氢根离子,其中碳酸氢钠溶解度最小,所以析出,其余产品处理后可作为肥料或循环使用。

9
海洋勇士的功勋钻头

信物名称
"海洋石油981"钻头
信物传承者
中国海油
（全称：中国海洋石油集团有限公司）
信物年代
2014年
信物印迹
钻获中国首个深水自营大气田

2021年"七一"建党节前夕，在南海陵水海域，由我国自主勘探开发的首个1500米深水大气田——"深海一号"大气田成功投产。它标志着我国已全面掌握了打开南海深海能源宝藏的"钥匙"，海洋石油勘探开发能力实现从300米到1500米超深水的历史性跨越，为建设海洋强国迈出了坚实一步。

国之强大，必有重器。

钻探发现"深海一号"大气田的就是中国海油挺进深海的标志性装备——"海洋石油981"深水钻井平台。照片中的这个钢铁利器质量达800千克，它就是钻获中国首个深水自营大气田的功勋钻头。

挺进深海的号角

我国海洋石油工业起步于20世纪50年代，早期受限于设备、技术落后和人才匮乏，通过人拉肩扛、土法上马，书写了海洋石油钻井"从两个筒筒起家"的传奇。但海上油气产量一直在低位徘徊不前。

1978年，党中央决定海洋石油工业全方位对外开放。通过引进、消化、吸收和再创新，海洋石油工业迅速摆脱了落后局面。2010年，国内海上油气年产量突破5000万吨，成功建成"海上大庆油田"。但那时，我国海上油气田基本位于300米水深以内的海域，开发300米以上的深水区对中国海油人来说仍遥不可及。

深海是全球油气资源重要的接替区。全球超过70%的油气资源蕴藏在海洋之中，其中40%的油气资源来自深海。在中国油气对外依存度不断提升的背景下，打开深水油气资源的"大门"，成为中国海洋石油工业的战略选择。

2012年，以"海洋石油981"为旗舰的"五型六船"深水舰队建成，由此形成了覆盖物探、钻井、铺管、工程建设全流程的3000米深水装备群。

挺进深海的号角由此吹响。

打开深海宝库的钥匙

2014年盛夏，当人们纷纷躲在空调房内玩手机、看电视的时候，他们并不知道，在海南岛东南方150千米的中国南海上，一座"海上城市"正在加紧作业。

这座"海上城市"就是著名的"海洋石油981"深水钻井平台。它是中国自主设计和建造的当时世界最先进的第六代深水半潜式钻井平台，甲板面积赶得上一个大号的足球场，高度则相当于40多层的大楼，最大作业水深3000米，最大钻井深度10000米，并且配备有停机坪和发电设备等。整座平台上约有180位工作人员，在每个长达28天的工作周期中，他们都会远离家人，没有手机信号，只与大海做伴。

"海洋石油981"深水钻井平台

时间指向2014年的8月18日，这一天晴空万里、格外炎热。时值中午，平台上的温度已达到50℃，钢结构的露天甲板都能摊熟鸡蛋。但此刻，一群年轻的海油工人却顶着燥热和110分贝的噪声在紧张作业，操纵着钢铁钻具钻向深海底部的坚固岩层——"海洋石油981"的测试作业已经到了最终冲刺阶段。

每个人都绷紧了神经，时间一分一秒过去……突然，在水下4957米的岩层中，一条气龙化作火焰，从30米长的火炬臂喷薄而出。在巨大的呼啸声中，"海洋石油981"瞬间被水幕遮掩，水幕随即被火焰化为清气，直冲云霄。

"成功了！"平台上一片欢腾。这条气龙是"海洋石油981"深水钻井平台测试成功的标志。获得高产油气流，犹如一声"芝麻开门"，打开了南海深水天然气的"宝库"。

"海洋石油981"深水钻井平台在"深海一号"大气田的工作场景

攻克世界难题的"中国利器"

当很多人认为中国人不可能自主建成世界最先进的深水钻井平台时，中国海油人不仅通过联合国内外顶尖的设计、建造团队建成了"海洋石油981"，还在技术理论和应用上实现了突破创新，为世界深水装备的设计建造贡献了中国智慧。

这枚无坚不摧的功勋钻头，开启了"深海一号"大气田，证明了我国南海深海丰富的油气资源潜力，也意味着我国已具备勘探开发深水油气的能力。中国海洋石油工业正式踏上深海取油取气的新征程。

为开发"深海一号"大气田，中国海油为其量身定制了全球首座10万吨级深水半潜式生产储油平台——"深海一号"能源站。它按照"30年不回坞检修"的高标准设计，最大排水量达11万吨，排水量位居世界第四，相当于3艘中型航母。它的建造实现了3项世界首创技术及13项国内首创技术，是中国海洋工程装备领域的集大成之作。

在建造过程中，中国海油更是创下了比国际同类平台提前18个月高质量完成陆地建造和合龙工作的纪录，充分展示了"中国制造""中国速度"。

"深海一号"大气田的成功投产，是我国海洋石油工业发展史上的重要里程碑，大气田每年将为粤港琼地区稳定供气30亿立方米，成为南海新的能源供给中心，对保障我国能源安全、推进海洋强国建设发挥着巨大作用。

在中国共产党的坚强领导下，经过近40年的不懈奋斗，中国海油已经逐步建立完整的海洋石油工业体系，成为主业突出、产业链完整、具有国际竞争力的综合型能源公司，是我国海洋强国建设的主力军。

虽然这枚功勋钻头已经功成身退，但中国海油人"传承红色基因，矢志能源报国"的忠诚信念未变，"我为祖国献石油"的使命担当未变。他们正以"深海一号"大气田为起点，传承并发扬石油精神和"爱国、担当、奋斗、创新"的新时代海油精神，劈波斩浪，勇往直前，为中华民族的伟大复兴谱写新的华章！

全球首座10万吨级深水半潜式生产储油平台——"深海一号"能源站

2021年5月19日，我国自主设计、建造的海上最大原油生产平台——陆丰14-4中心平台

中国海油锦州25-1南平台

延伸阅读

"深海一号" 能源站

"深海一号" 能源站是我国自主研发建造的全球首座10万吨级深水半潜式生产储油平台，用于开发我国首个深水自营大气田——"深海一号"大气田。

"深海一号" 能源站由上部组块和船体两部分组成，总质量超过5万吨，总高度达120米，相当于40多层的楼高，最大排水量达11万吨，相当于3艘中型航母。其船体工程焊缝总长度高达60万米，可以环绕北京六环3圈；使用电缆长度超800千米，可以环绕海南岛一周。"深海一号"能源站按照"30年不回坞检修"的高质量设计标准建造，设计疲劳寿命达150年，可抵御百年一遇的超强台风。

"深海一号" 能源站搭载近200套关键油气处理设备，在建造阶段实现了3项世界首创技术：在全球首创半潜式平台立柱储油，最大储油量近20000立方米；采用世界上跨度最大的半潜式平台桁架式组块；首次在陆地上采用船坞内湿式半坐墩大合龙技术。同时，"深海一号"能量站的建造过程中运用了13项国内首创技术，是我国海洋工程建造领域的集大成之作，实现了凝析油生产、存储和外输一体化功能，具有较好的经济效益和技术优势。

"深海一号" 能源站投产后，每年可为粤港琼地区稳定供气30亿立方米，能满足粤港澳大湾区四分之一的民生用气需求，使南海天然气供应能力提升到每年130亿立方米以上。同时，"深海一号"能源站的利用可有效带动周边的锦州25-1等新的深水中型气田开发，形成气田群，依托已建成的连通粤港澳大湾区和海南自由贸易港天然气管网大动脉，建成南海万亿大气区，最大限度地开发生产和输送天然气资源。

10
《"三八"带电作业班》剧本

信物名称
《"三八"带电作业班》剧本
信物传承者
南方电网
（全称：中国南方电网有限责任公司）
信物年代
1972年
信物印迹
展现全国第一个女子带电作业班的英姿

1974年的一天，一部中国影片被送往联合国。这部影片的主角并非国际巨星，而是5位普通的中国姑娘。

这便是由珠江电影制片厂摄制的彩色新闻纪录片《"三八"带电作业班》。它讲述了广州供电局的女同志学习带电作业技能，行走云山珠水，上铁塔、修线路、战电弧，为工农业生产和千家万户守护光明的故事。一经上映，这部纪录片立刻轰动全国，人们不禁感叹，正是有这样一群无私的电力人在默默付出，才将我们的电连成线、织成网，点亮千家万户的温馨灯火，支撑起中国日夜不眠的工业生产。

《"三八"带电作业班》纪录片剧照

妇女能顶半边天

1970年6月的一个夜晚，广州市东郊的电力训练场上，广州供电局（现属于南方电网旗下的广东电网有限责任公司）的一群女电工正进行带电作业的学习。

这样的训练既平常又非比寻常。

说它平常，是因为这是带电作业的常规训练。所谓带电作业，就是在高压设备不停电的情况下进行检修工作，保障日常供电不间断。换言之，作业人员必须进入高压电场开展带电

20世纪70年代，"三八"带电作业班谭惠霞在铁塔上作业

10 《"三八"带电作业班》剧本

检修施工。虽然她们在作业过程会穿着全套屏蔽服，但检修时面对的却是上千伏的强大电场，每个动作都有严格的要求，稍有不慎就会有生命风险，因此日常的训练必不可少。

说它不平常，是因为接受训练的是清一色的女同志。这支团队是广州供电局筹划组建的"三八"带电作业班。当时正处于"四五"计划期间（1970—1975年），随着广州地区电力技术的创新推广，带电作业面由配网线路扩展到高压输电线路，这就造成了电力维修人员紧缺。于是，不少女同志自告奋勇冲在了第一线。在那个年代，"妇女能顶半边天"的口号曾传遍神州大地，成为鼓舞广大女性自强自立，在各行各业一显身手的号召。她们用自己的行动，向世人昭告："时代不同了，男女都一样。"

其中，220千伏带电作业是当时最为考验人的训练。作为那个年代最高的电压等级，220千伏架空输电线路的电场强度更大，放电拉弧声音更响。

训练过程中，身为"三八"带电作业班的班长，林玉明一马当先站了出来。只见她娴熟地爬上30多米高的铁塔，采用"跨二短三"的方式沿着瓷瓶串进入电场。瓷瓶又圆又滑，既难落脚，又难移动，稍不留神，极可能就会从高空摔下，来个"半天吊"。同时，每跨越一步，手脚位置都会发出巨大的放电声响，并且伴随有电火花。

林玉明深吸一口气，用沉稳的脚步沿着耐张瓷瓶串，一步一步稳健地进入了220千伏高压电场。在她冷静沉着的操作下，"电老虎"被乖乖地制服了。

经过反复的练习，全国首支由

1971年，林玉明等工作人员在220千伏广新线上更换老化的耐张瓷瓶

20世纪70年代,"三八"带电作业班成员合照(左一为邓翠琼,左二为谭惠霞)

女电工组成的"三八"带电作业班成功组建了起来。当年的《南方日报》用掷地有声的话语写道:"过去只有男同志才能掌握的高压带电作业新技术,我们女同志也掌握了!"

走遍南粤的"巾帼英雄"

"三八"带电作业班能在广州供电局成立并不是一个偶然,因为广州供电局的开创和奠基就是在第一任女局长曾志同志的带领下进行的。曾志同志是一位参加过"黄洋界保卫战"的无产阶级女革命家,她用自己不畏艰苦、敢为人先的实际行动为我们留下了"巾帼不让须眉"的历史传统。

20世纪50年代初期的曾志

20世纪70年代,"三八"带电作业班的姑娘们与另一个由男员工组成的高压所带电班一样,接受着各项工作任务的挑战。除了抬着沉重的工具跋山涉水、爬高塔攀银线,她们还要克服许许多多常人想象不到的困难。

输电线路多数远离城市,遇上有作业任务,姑娘们就要早早集合,带上工具箱和一些备品材料,爬上所里的解放牌货车车斗,人货混装,在工具箱旁半站半坐,一路颠簸好几个小时。下车后,她们有时还要背着工具并拿上备品备件,走长长的山路才能到杆塔位置。在杆塔上进行带电作业时,她们要穿着屏蔽服,夏天内烘外烤,每次工作就像"蒸桑拿",常常连内衣都湿透,而冬天则内热外冷,塔上寒风刮得人脸如刀割一般。她们在几十米高的铁塔上进行高空带电作业,还常常引来不少村民围观:"怎么女的爬那么高干这个,她们不怕死吗?"

那时,广州地区电力发展较为迅速,供电量在"四五"期间从1971年的14.03亿千瓦时提升到1975年的23.17亿千瓦时,年均增长率达到了11.85%。广州辖管的220千伏输电线路共有3回351千米,线路电杆所到之处几乎都洒下了"三八"带电作业班女同志们的青春汗水。

不忘使命

改革开放后,我国的电力事业突飞猛进,南方5省区电网的最高电压等级从220千伏,上升到500千伏,再到今天世界上最先进的800千伏柔性直流。2020年投产的800千伏昆柳龙多端柔性直流工程,创造了19项世界第一。云贵高原上巨量的水电通过一条条超高压、特高压电力"高速公路"，跨过千山万水，被送到广州市在内的粤港澳大湾区，点亮了奥港澳大湾区追逐世界一流的梦想。南方电网也在这个过程中，逐步建成全球科技含量高、结构复杂的电网。

带电作业，本质上是为了减少停电时间，为千家万户提供不间断的高质量用电。如今，"三八"带电作业班故事的发生地——粤港澳大湾区停电次数大幅减少，快步进入供电高且可靠性时代。2020年，奥港澳大湾区已经有5个城市的用户年平均停电时间小于1小时/户，达到世界银行营商环境评价满分水平；部分区域，如深圳市福田中心区，更是低至0.24分钟/户，达到世界顶尖水平。今天的南方电网人，用世界一流的供电水平，回应"三八"带电作业班前辈们曾经洒下的汗水。

国家西电东送重点工程乌东德电站（李志杰 杨惠平 陈海东 摄）

乌东德电站送电广东广西特高压多端柔性直流示范工程（李志杰 杨惠平 陈海东 摄）

随着时代的发展，党中央不断赋予南方电网人新的历史使命。南方电网人始终牢记"人民电业为人民"的初心使命，也传承着当年"三八"带电作业班的那份突破自我、挑战极限的敬业奉献精神，加快建成具有全球竞争力的世界一流企业。

展望未来，南方电网人将加快数字化转型，以数字电网推动构建新型电力系统，建设一张更加安全、可靠、绿色、高效、智能的大电网，为助力实现国家碳达峰、碳中和目标贡献力量！

延伸阅读

曾志

曾志原名曾昭学，1911年4月4日出生于湖南省宜章县一个清贫的知识分子家庭。少年时期在母亲的支持下，8岁的她到省城长沙读书，受到革命思想的熏陶。

1926年8月，年仅15岁的曾志考入湖南衡阳农民运动讲习所。同年10月加入中国共产党，立下了终生为党奋斗的誓言，由此开启了她风云激荡的革命生涯。

曾志于1928年起陆续参加了衡阳暴动、湘南起义，在井冈山上参加了著名的"黄洋界保卫战"。

1930年起，曾志在福建开展地下工作，参加了创建闽南小山城根据地、巩固和发展闽东苏区的艰苦斗争。

1938年10月，曾志开始在湖北秘密建立党组织和地下武装，发动抗日救亡的群众运动。抗日战争胜利后，她转战东北，先后任沈阳市委委员、辽吉省委委员等职务。

1948年11月，沈阳解放后，曾志被分配担任市委职工部部长，参加市委常委，并担任市工会筹备会主任和市妇联筹备会主任，接管工厂企业，实行民主改革，迅速恢复生产。

1949年5月，曾志南下武汉，先后任武汉市军管会物资接管部副部长、中南军政委员会委员，分管工业建设工作。

1952年10月，广州电业局（广州供电局的前身）成立，曾志担任首任局长、党委书记，负责管理广州电网的生产建设，并对省内其他电力企业进行技术业务指导，引领广州电力工业蹒跚起步，为广州电业局注入了红色基因。

1955年，离开广州电业局之后，曾志历任广州市委工业书记和广东省委委员、常委、书记处候补书记等职。

11
渡江战役第一船
"京电号"

信物名称
"京电号"运煤船

信物传承者
中国大唐
(全称：中国大唐集团有限公司)

信物年代
1949年

信物印迹
渡江战役中的"京电号"运煤船

1949年4月23日，渡江战役前的南京，一艘满载煤料的蒸汽船驶入南京护城河。没过多久，这艘船上的人竟将所有的煤倒入江中。

渡江第一船

1949年，硝烟战火后的中华大地正经历着浴火重生。

1949年4月初，渡江战役前夕，负责整个南京供电任务的下关发电厂（中国大唐旗下的大唐江苏发电有限公司南京电厂的前身）接到上级党组织指示：下关发电厂务必保留一些吨位大、性能好的船只，为解放军发起渡江战役做准备。作为厂里运输主力的"京电号"就是其中首选。下关发电厂的工人以运煤发电为借口，将一艘刻有"沈宝记·1925"字样的"京电号"钢质蒸汽机动力船留在了下关码头。虽然国民党江防部队多次要求"京电号"进入护城河，但均被下关发电厂的工人机警地应付了过去。

1949年4月中旬，长江两岸的形势愈加紧张。为了能彻底阻止解放军渡江，国民党江防部队将长江两岸的船只搜集起来，统统烧、炸、沉、毁。而"京电号"等少量船只则被集中到护城河内严加看管。

夜幕下的南京护城河，宽阔的江面显得格外平静，探照灯光柱不时地在江面上掠过。见国民党江防部队丝毫没有放船的意思，"京电号"的船长黄兴发坐不住了。趁国民党江防部队放松警惕，他带领船工将"京电号"上发电用的煤全部倒入江中。原来存煤仓库的空间有限，平时黄兴发随时待命，进行运煤。如今连续几天，"京电号"都没能回到下关码头，下关发电厂很快就无煤可供发电。

不久，半个南京城就被黑夜所吞噬，国民党江防部队的探照灯也失去了作用。南京城内一片喧哗。

"京电号"的船长黄兴发

国民党江防部队担心解放军趁此机会过江，于是下令：下关发电厂，因战事需要，任何情况下不得中断发电，违者以贻误战机论处。

下关发电厂的厂长以运煤为由，要求归还"京电号"，否则无法保证不间断发电。随后，国民党江防部队责令"京电号"返回下关发电厂继续运煤！

20世纪50年代，南京，下关发电厂旧址

百万雄师过大江

1949年4月22日夜里，数名侦察员冒着生命危险抵达长江南岸，与前来接应的地下党取得联系。

4月23日凌晨，趁着停电间隙，南京地下党组织通知"京电号"：开赴北岸迎接渡江部队强渡长江。在船上待命已达一昼夜之久的黄兴发和8名船工立即升火，冒着国民党江防部队的炮火，开足马力驶向长江北岸。

20世纪40年代，南京，下关发电厂西南全景

国民党江防部队早已在悬崖峭壁上构建了数不清的地堡，发射的炮弹如暴雨一般倾泻在江面上。解放军数万人集结在长江北岸的浦口码头。35军103师部队的120名指战员作为解放南京渡江战役的第一梯队，在"京电号"上架起数挺机枪，冒着敌人密集的炮火，劈波斩浪，奋勇直前，在下关码头成功登陆。"京电号"的船工们把第一批解放军送上长江南岸后，立即返回，迅速将第二批、第三批解放军送过去。

连续作战数小时的"京电号"在4月23日当天共运送解放军1400多人过

渡江胜利纪念馆外景

江，圆满完成渡江任务。从此，"京电号"被后人称为"渡江第一船"。

屡立战功的"战斗英雄"

1949年4月23日，南京解放。就在大家欢庆南京解放时，下关发电厂上空突然出现5架飞机。这5架飞机盘旋不久后，最终向下关发电厂附近投下多枚炮弹。刹那间，下关发电厂消失在了硝烟当中。

原来，南京解放后，国民党不甘心失败，妄图凭借其空中优势，以狂轰滥炸的野蛮行径，向人民实行罪恶的报复。

还沉浸在解放喜悦中的下关发电厂工人已然顾不上自己的生死，他们心中只有一个念头：护厂保电！如果这时候下关发电厂的锅炉断水缺煤、熄火停电，城内医护救援、供水用电都会受到影响，但下关发电厂工人贸然过江运煤，肯定会暴露！

这时，黄兴发不顾敌机的机枪扫射，毅然走出厂房，赶到下关码头准备驾驶"京电号"离开。这时，敌机又开始了轰炸，船只剧烈摇摆，江中水花

信物百年：红色财经（上卷）

四起。平时从下关码头到浦口码头运煤只需两个小时的航程，而这次他们用了数个小时才驾驶着满载煤料的"京电号"安全返航。黄兴发等人再立一功，为整个南京的正常供电提供了保障。

1954年夏天，南京突降大暴雨，江河水位猛涨，危及濒临江边的下关发电所。这时，"京电号"再次挺身而出，不停地在江面上运送黄泥、草包和砖头，以加固加高江堤。"京电号"成为"抗洪英雄"。

2005年，北京，中国大唐集团有限公司本部

渡江精神世代相传

"京电号"的红色故事被一代代大唐人传诵，每次讲起总能激起10万大唐人心中最浓烈的情怀。在2002年的电力体制改革中，中国大唐作为五大发电集团之一应运而生。从历经枪林弹雨的"渡江第一船"到建成世界装机容量最大的"火电航母"——大唐托克托发电厂，从点亮南京城第一盏电灯的我国首个官办电厂到成为保障首都用电安全的能源供应主力军，从风电装机"零"的起步到建成国内首个百万千瓦级风电基地——中国大唐塞罕坝风电场，中国大唐始终胸怀大局、奋勇前行，秉持"京电号"精神，创造了一个又一个电力行业的发展奇迹。

中国大唐塞罕坝风电场

延伸阅读

塞罕坝风电场

塞罕坝风电场是中国大唐首个并网发电的风电项目，曾经是世界上最大的风电场。几代大唐风电人艰苦创业、持续发展，让塞罕坝"吃风沙"精神薪火相传、发扬光大，让中国大唐新能源事业在内蒙古赤峰的沃土上从生根发芽走向辉煌。

塞罕坝是一道长50千米、宽16千米、海拔1.8千米的巨型大坝，为建设大型风力发电场提供了得天独厚的自然条件。2005年2月17日，首批中国大唐风电建设者挺进塞罕坝。2005年8月12日，塞罕坝一期工程首批机组并网发电，实现了中国大唐风电项目"零"的突破。

几年来，中国大唐建设风电场的规模不断发展壮大：

2006年，建成了全国最大的风电场。

2007年，建成了世界最大的在役风电场。

2010年年底，建成了国内首座"百万千瓦级"风电基地。

2017年，累计实现装机151.03万千瓦，共安装9个风机厂家的14种机型风机1136台，建成了当时同一投资控制与运营主体、同一区域的世界最大的风电场。

塞罕坝风电场肩扛保护生态环境的使命，投产至今累计提供清洁能源304亿千瓦时，相当于节约标煤837万吨，减排二氧化碳3215万吨，为建设"绿色中国"做出了实际贡献。

12
黄埔江畔的无名之剑

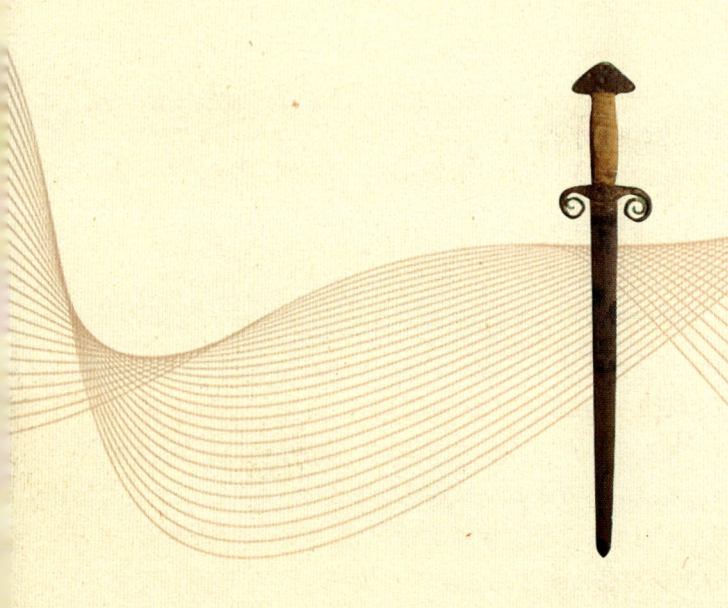

信物名称

无名之剑

信物传承者

国家电投

（全称：国家电力投资集团有限公司）

信物年代

1927年

信物印迹

杨树浦发电厂工人参加第三次武装起义时使用的宝剑

1927年3月21日,周一,春分。在黄浦江畔的晨曦中,上海又拉开了新一天的序幕。在这看似平静的城市里,一股力量正准备迸发,数十万工人群众在等待一声号令,一声划破黑暗的号令……

划破黑暗

1911年建立的杨树浦发电厂(前身为上海工部局电气处江边蒸汽发电站)是中国近代最大的外商电业垄断企业,也是世界上最早的发电厂。在近半个世纪的时间里,这里一直被洋人和买办所控制,直到上海解放。

20世纪初期,上海,杨树浦发电厂

1927年春,随着北伐军一路高歌猛进,革命的烈火从珠江蔓延到了长三角。此时的上海,虽然仍在反动军阀孙传芳的控制之下,但所有人都知道,那只是黎明前的暗夜,天就要亮了。

为了从内部击溃敌人,杨树浦发电厂的工人们在共产党的领导下做着武装起义的准备。作为当时远东最大的火力发电厂,杨树浦发电厂不仅工人数量多,而且具有很大的政治影响力。在过去的半年里,虽然上海工人发起的两次起义均在当局的绞杀下失败,但这根本无法动摇工人们坚毅的决心。他们在积蓄能量,等待揭竿而起的时机。

1927年3月21日,起义之日终于到来!这天正午时分,当外滩的海关大钟刚刚敲完第12下，停泊在黄浦江上的轮船汽笛长鸣。瞬时，工厂停工，电车停驶，学校罢课，商店关门，杨树浦发电厂的100余名工人走上街头，和各路工人拿起武器，上海工人第三次武装起义打响了！

工人们将点燃的爆竹放进洋油箱里，"噼里啪啦"的响声仿佛数挺机枪并发。这种计策虽简单，却有效，不少警署、兵站的零散敌军闻风而逃。在风卷残云般气势的压迫下，虹口、浦东、沪东、沪西、吴淞等地的起义势如破竹，不到几个小时，工人们就成功控制了局势。

然而，当天下午4点，当起义推进到闸北区时遇到一块"难啃的骨头"。作为交通枢纽，上海北站部署了大量防御军队，更有重机枪、迫击炮等精良装备，而工人们的手中只有少量步枪。

在这危急时刻，工人们纷纷拿出自己家中的"武器"，无论是锤子、斧头，还是铁棍、菜刀，用最简陋的武器和无畏的血肉之躯在枪林弹雨中与敌人对抗！时任中共上海区委军事运动委员会书记的周恩来亲临前线，坐镇指挥，为起义的工人们增添了必胜的信心。一个小时后，随着红旗插上上海北站的屋顶，上海工人第三次武装起义终于宣告胜利。

这次起义是如此波澜壮阔，以至于在1936年，美国记者埃德加·斯诺从周恩来那里了解整个事件的经过后都不禁惊叹："这是中国现代史上最有声有色的一次革命斗争！"

守护光明

在上海工人起义的23年后，杨树浦发电厂的工人们再次走上了"战场"。只不过这一次，他们不光要划破黑暗，更要守护光明。

1950年2月6日，一阵凄厉的防空警报传遍了晴空万里的上海市区。人们还来不及反应，国民党轰炸机的60多枚炸弹便如暴雨般倾泻而下。空袭导致杨树浦发电厂的输煤设备全部被炸毁，主发电机严重受损，电厂15万千瓦的负荷下降到趋近于零。

当时，中华人民共和国成立不足半年，正是百废待兴之时。国民党反动派不甘心就此失败，便依靠其空中优势对新生的政权发起了挑衅，试图通过制造混乱和恐慌情绪来阻止经济的恢复和发展。

为了在最短时间内恢复生产，时任上海市市长的陈毅立即召开紧急会议，亲自部署调集各方力量组成抢险救灾队伍，力求48小时完成电力的抢修工作。

可是，当对杨树浦发电厂故障进行分析后，工人们的面色变得凝重起来。多个涡轮发电机和大部分锅炉损坏，6600伏辅助配电板、燃油加热器、照明及示热线路均已无法使用，这意味着修复工程要比先前预估的困难得多。更何况由于当时上海的防空力量并不能有效阻止国民党轰炸机的再次轰炸，电厂的工人们还得冒着随时被炸的风险在最短时间内将现有的有效设备分散转移。

时间紧，任务重，杨树浦发电厂电气部的全体工人紧急行动，竖起了被敌机炸倒的电线杆并架起电线，解决了临时照明的问题。没有传送带，工人们就手手相传，仅花了3个小时就把锅炉总油管修补好，为提前发电创造了条件。平时十几个人的工作量，杨树浦发电厂只用了两三个人就做完，只为在最短的时间内让上海人民消除恐惧。

经过42个小时的奋战，1950年2月8日清晨7时许，杨树浦发电厂第一台机组恢复了发电，这比陈毅市长要求的48个小时目标还快了6个小时。杨树浦发电厂的工人们再一次用"临危不惧，舍我其谁"的精神信念让上海重放光明。

照亮前方的路

1927年，在周恩来等老一辈无产阶级革命家的领导下，杨树浦发电厂的工人们在黄浦江畔毅然亮剑，拉开了上海工人第三次武装起义的序幕。

今天，国家电投人义无反顾地进行清洁能源转型发展。如今，国家电投新能源总装机已经跃居世界第一，光伏装机连续多年世界第一……风光水火核、氢能、储能、综合智慧能源，这些领域一个又一个的"第一"，是国家

青海共和10万千瓦国家级太阳能发电试验基地

山东海阳核电"水热同产同送"科技示范工程

"氢腾"牌氢燃料电池电堆

电投人向革命先辈上交的答卷，也是国家电投人接续奋斗的动力。

站在新的历史起点上，国家电投必将坚定"国之大者"的使命与情怀，继承前人精神，凝聚宝剑之锋，全力以赴，以大视野、大情怀、大担当不断超越自我、排除万难，勇敢承担着新时代能源企业的使命，为中国实现"3060"碳达峰、碳中和的目标而奋斗。

延伸阅读

杨树浦发电厂

1911年，英商在黄浦江边建造了杨树浦发电厂的前身——上海工部局电气处江边蒸汽发电站，这是世界最早的大型火电厂。

1929年年初，出于政治和经济原因，上海工部局急于出售电气处资产，于是江边蒸汽发电站被美商中标买下，更名为上海电力公司。

1941年，太平洋战争爆发，日本军队对上海电力公司实行军事管制。1945年抗战胜利后，国民政府接收了被日伪侵占的发电厂，将上海电力公司归还美商继续营业。至1949年上海解放时，上海电力公司的发电量占全国发电量的10.7%，供应着上海近80%的电力。

1950年，上海电力公司经历了"二六"轰炸后，中国人民解放军上海市军事管制委员会受命对上海电力公司实行军事管制，直至1954年结束军事管制。上海电力公司被正式命名为上海电业局杨树浦发电厂。

2010年年底，为响应国家"上大压小"号召，杨树浦发电厂关停。

2018年，上海电力股份有限公司与杨浦区政府签署杨树浦发电厂产业升级城市更新项目合作协议，利用电厂关停后的资源，营造独具魅力的滨水文化空间，将杨树浦发电厂打造为上海工业旅游景点之一。

杨树浦发电厂有着光荣的革命传统，是上海工人运动的"红色堡垒"。1926年，杨树浦发电厂成立了第一个中国共产党支部，杨树浦发电厂工人在中国共产党的领导下，进行了不屈不挠、前赴后继的斗争。这里不仅有徐承志、李志耕、王孝和等优秀的共产党员和革命先锋，还有遭遇"二六"大轰炸后，冒着危险坚守岗位的全体工人。中华人民共和国成立后，杨树浦发电厂继承和发扬光荣的革命传统，在全国电力行业中创造了许多第一，被誉为"中国电力工业摇篮"。

13
开创红色通信事业的
半部电台

信物名称

半部电台

信物传承者

中国电信

(全称：中国电信集团有限公司)

信物年代

1930年

信物印迹

中国工农红军第一件高科技通信装备

一个被一枪托砸坏而仅剩半部可用的电台，一个只能收听不能发报的"顺风耳"，但就是它，让靠技术吃饭的王诤，每月挣得了相当于毛泽东主席、朱德总司令的津贴10倍的特批技术津贴，让仍用明码联络的敌军如同当着红军的面聊军情。

中国的第一部电话、第一颗通信卫星、火神山医院的"云监工"，红色电信事业都是在这半部电台的滴滴声中起步。

"雾满龙冈千嶂暗，齐声唤，前头捉住了张辉瓒。"1930年，中国工农红军取得第一次反"围剿"战斗胜利。收到消息后，毛泽东主席兴奋不已，写了这首《渔家傲·反第一次大"围剿"》。在这一次战斗中，中国工农红军还缴获了日后起了大作用的半部电台，也是红一方面军拥有的第一部电台。

奇怪的木头箱子

为什么是半部电台？

当年，红军冲锋打进国民党的发报间时发现在屋内除了吴人鉴等10名电台人员外，桌子上还有一个奇怪的木头箱子，谨慎的红军小战士认为这是危险品，于是就一枪托砸开了这个箱子，而这个木头箱子正是当时非常先进的电台。也就是这一枪托，砸坏了电台可以发报的一半，让电台成为只能收报、不能发报的"半部电台"。

吴人鉴心疼不已，就这样他带着半部电台并改名为王诤加入了革命队伍，作为电台技术人员开始了他的红军战斗生涯。当时的红军无线电通信队叫无线电侦察队，王诤用最快的速度训练队员学习无线电技术。无线电侦察队的工作除了截收情报外，还要将有价值的新闻记录下来，给毛泽东主席、朱德总司令审阅。靠技术

王诤塑像

吃饭的王诤，每个月有50个银圆的特批技术津贴，而当时毛泽东主席和朱德总司令的津贴一个月才不过5个银圆。

半部电台对红军有极大的贡献。据王诤后来回忆，半部电台经修复后，在对敌侦察上发挥了不小作用。当时国民党军队每到一处，用电台联络时，都会先问对方在何处，以便确定位置，并且联络都用明语，这等于不断地向红军报告其部队的行动和部署。此外，半部电台也是红军获取新闻信息的重要渠道，让红军在一次次战役中屡建奇功。

这只王诤掌控的"顺风耳"，成为奠定红军无数胜利的基础。

决定胜局的电波

1931年，国民党反动派第二次"围剿"的20万大军卷土重来，这对于红军而言是巨大的挑战。由于当时红军的装备普遍较为落后，器材更是少之又少，国民党的发报员便肆无忌惮地使用明码联络。可敌人万万想不到，红军此时已经有了自己的"顺风耳"。

枕戈待旦的王诤和他的无线电侦察队日夜守在电台前，一刻不离地在电波中嗅着战机的气息。功夫不负有心人，王诤在嘈杂的电波信号中终于截获了敌军指挥王金钰致"剿匪"总司令何应钦的急电。电文称："第五路军水土不服，官兵生病的达千余人……为免遭红军突袭，请示向富田公秉藩部靠拢，成掎角之势……"而后王诤又破获了敌所属第五路军二十八师进发东固的电报。电台前不分昼夜的守候，就是为了这一段决定胜局的电波。

毛泽东主席、朱德总司令得到这一情报后当机立断，调

红军无线电总队旧址

集红一军团、红五军团5个师20000余人连夜急行，"七百里驱十五日"，全歼了敌第五路军二十八师和四十七师，取得了第二次反"围剿"的胜利。这是红军首次依靠通信技术获得的胜利，王诤和半部电台都大放光彩。

红色的通信

随着胜利局势的不断扩大，红军缴获的电台越来越多，无线电技术人员的队伍也随之壮大，各部队、各地区之间都建立了通信。无线电技术人员都是从红军中选出的精英，他们每天背着电台行军，宁可自己负伤、淋雨，也不让电台受到一点损坏。红军也像保护电台一样保护着这些技术人员，仅在长征途中强渡湘江的战斗里，就有7名红军战士为了保护王诤和电台渡江而壮烈牺牲。

正是这样无畏的保护和牺牲，为红军的信息战赋予了无穷的能量。在遵义会议后的3个月中，红色通信在红军运动战中发挥了巨大的作用。红军纵横驰骋于川黔滇边境，仅军委与各军团间的来往电报就达280余份。这些电台保障了红色通信的畅通。

1948—1949年，谁也想不到，毛泽东主席是在西柏坡的一间面积仅为16.3平方米的旧民房里通过电报指挥三大战役的。正如周恩来总理所说："毛主席是在世界上最小的司令部里，指挥了最大的人民解放战争。"1949年4月20日，大江之上，万船齐发，百万雄师强渡长江拉开了渡江战役的序幕。

西柏坡中央军委作战室外景

西柏坡中央军委作战室内景

西柏坡中央军委作战室旧址

13 开创红色通信事业的半部电台

红军的半部电台一直没被丢弃。它陪着红军走完了漫漫长征路，在一次次战斗中立下大功，并且传承至今。如今，半部电台的开关和调节旋钮已锈迹斑斑，其变压器、线圈等零件布满污垢。像经历了千锤百炼的战士，伤痕就是它的勋章。它是历史的见证者，也是当年红军艰苦战斗中一束希望的光，经过了历史的沉淀，仍然熠熠生辉。

中华人民共和国成立后，特别是改革开放的40多年，中国电信事业开始腾飞。第一通国际电话、第一座长话大楼、第一颗通信卫星、第一封电子邮件……2020年年初，中国电信仅用了3天时间，就为火神山医院开通了超高速5G网络连接，依托云网融合优势，与中央电视台联合打造了亿万人关注的"云监工"，向世界展现了中国速度。

这一切的一切，都始于这半部电台带来的胜利。

2020年火神山医院"云监工"画面

延伸阅读

红色无线电通信创始人——王诤

王诤，原名吴人鉴，1909年7月3日出生于江苏省武进县一个普通农家，17岁考入黄埔军校通信学科，毕业后参加北伐军第二军四师，担任师部电台台长兼报务主任。

1930年年底，红军在第一次反"围剿"的龙岗一役，获得了人民军队有史以来的第一部无线电台，以及被红军领袖们视为珍宝的10名国民党报务人员，当时名为吴人鉴的王诤就在其中。此役之后，他毅然加入中国工农红军，为纪念新生和表达投身革命的决心，他改名为"王诤"，以"诤"字自勉"诤言笃信，刚直不阿"。

1931年1月6日，王诤和战友们架起红军第一个无线电台。从此，源源不断的电讯经过王诤的手传入中央政府，中央领导从此有了"顺风耳"。

王诤不仅挑起了红军通信事业联络、对敌侦察等重担，成为红军名副其实的神经中枢外，还为红色通信事业培养了大批人才。

王诤先后担任红军第一个无线电队队长、军委通信联络局（三局）局长兼政委、军委电信总局局长、邮电部党组书记兼副部长、中国人民解放军通信兵部主任兼军事电子科学研究院院长、第四机械工业部部长兼党组书记、中国人民解放军副总参谋长等职。

14
拨通中国移动时代的"大哥大"

信物名称
"大哥大"
信物传承者
中国移动
（全称：中国移动通信集团有限公司）
信物年代
1987年
信物印迹
拨通中国移动时代的"大哥大"

1984年，时任广东省邮电管理局局长的李轶圣第一次在瑞典见到了没有线的电话，那时的他还不知道这个砖块一样的东西潜藏着改变世界的力量。

中国第一通移动电话

"喂，喂，喂，听得见吗？"

"听见了！打通啦！"

"太神奇了，这电话连线都不用接！"

对于已经进入智能通信时代的我们来说，这段对白似乎有些久远和不可思议。这是在1987年11月18日，广东省珠江三角洲移动电话网首期工程开通仪式上，一通拨往北京的移动电话的内容。如此简短的一通电话，令在场的人个个热血沸腾，这也标志着我国正式步入移动通信时代。

"没有电话线的电话"

1973年4月3日，世界上第一部手机在美国纽约曼哈顿的摩托罗拉实验室中诞生。1983年，摩托罗拉公司推出了第一部商业手机，机身大小和半块砖头差不多，质量更是超过了1千克。虽然机身相较于现在的手机来说过于庞大，信号也偶尔不好，但在当年，夹一个公文包再拿上这样一部手机绝对是地位和身份的象征。当时，这样一款手机的售价高达3995美元，它在发达国家都是奢侈品中的奢侈品。

我国第一部移动电话的出现，源于1984年时任广东省邮电管理局局长李轶圣的一次外国出差。当时，李轶圣前往瑞典出差，平生第一次见到"没有电话线的电话"（"大哥大"）。他盯着大拇指一样大小的屏幕和一堆数字按键出了神，当下的第一反应是这个设备只能用于国内的应急通信。

谁能想到，仅仅过了一年，香港就有了移动电话。然而，当大量港商来广东洽谈业务时，带过来的"大哥大"却不能用，这严重影响了内地商业发展的速度。为了内地商业发展能够更加顺畅，李轶圣立即组织人开始进行"大哥大"的成本核算。计算结果吓了所有人一跳：设备加终端手机，平均每个用户要支付五六万元！当时，普通工人一个月的工资才100多元，就算不吃不喝，使用这样一部手机的花费也至少需要十几年的工资，这么贵的东西怎么可能用得起。

那个年代，固定电话还没有得到普及，"大哥大"的推广难度可想而知。这时，一个被戏称为"借钱买鸡，下蛋还钱"的模式被提出，即贷款发展移动通信。可是，"万一养的不是母鸡是公鸡，下不出蛋怎么办？"当时出现了不少反对的声音。

但李轶圣没有退缩，他先找到广东省政府调动广州、深圳、珠海3地的贷款指标，又争取到了香港电讯的支持，共得到1000万美元的贷款。由于申请不到网号，最初的移动电话不得不借用9字头的市话号码，这一简单的网络成为中国历史上第一个真正的移动电话网。

中国第一个移动电话用户

随着"大哥大"进入中国内地市场，徐峰成为中国第一个移动电话用户。

徐峰在购买"大哥大"后得到了一张纸，上面手抄了100个号码。工作人员对他说："手机号都在这了，你随便挑。"出于中国人对数字谐音的敏感性，徐峰果断挑选了尾号是"88"的号码。等到要付款的时候，工作人员又犯了难，虽然"大哥大"已经进入市场，但大家都不知道怎么定价。于是，

中国第一个移动电话用户——徐峰

工作人员对徐峰说："要不然这样，你把手机先拿回去，过几天我们有定价

了，再把那个钱补上。"就这样，徐峰带着第一部移动电话，怀着激动的心情回到办公室，马上用这部移动电话给办公室的座机拨了通电话，真切地感受到移动电话在空中传播的声音。

此后十几年，"大哥大"的普及速度让所有人刮目相看。作为中国第一个使用移动电话的人，徐峰的生意也在便捷通信的帮助下稳固不少。那个年代，不少像徐峰一样的人早早地用上了"大哥大"，成为当时经济发展的受益者。

1G 时代　　2G 时代　　3G 时代　　4G 时代　　5G 时代

1G至5G时代的手机

回望这一段历史，正是老一代通信人的远见和坚持，让广东乃至中国的移动电话业务幸运地提前数年降生，也为我国移动通信业的飞速发展奠定了坚实的基础。2001年11月，我国手机用户突破1亿户，成为全球手机用户最多的国家。同时，中国移动也成为网络规模最大、客户数量最多的移动通信运营商。截至2020年年底，我国手机用户已将近16亿户，手机的普及率为每百人113.9部。仅中国移动一家通信运营企业就建成通信基站超过520万座，占全球基站总数近30%。

虽然起步艰难，但几十年来，我国移动通信业一步一个脚印，取得了世界瞩目的成就。从1G时代的空白、2G时代跟随国际标准前行，到3G时代肩负使命进行突破，有了我国第一个具有自主知识产权的移动通信标准，再到4G时代，我国拥有自主知识产权的通信标准走向世界，用户数量占全球50%以上。今天，我国5G国际标准话语权得到了大幅提升，通信业正在向着"网络强国"的目标迈进。

2020年5月，中国移动在珠峰海拔6500米前进营地开通全球海拔最高的5G基站，实现5G信号对珠峰峰顶的覆盖

延伸阅读

移动通信从1G到5G

1987年,基于模拟信号的第一代移动通信技术(1G)系统在广东省正式启动。那时,我国通信产业基本空白,设备都需要进口。由于我国各省分别引入了不同制式的网络,1G系统连跨省漫游都无法实现,而且移动通信的抗干扰能力、容量、安全性等都不足。

2G时代始于20世纪90年代。第二代移动通信技术(2G)采用数字调制技术,比1G的声音质量更好,具有更高的保密性和更大的系统容量,手机也更便携、更多样、更便宜,能发短信和上网,GSM制式还实现了全球漫游。当时,我国在积极引进并消化吸收国外技术的同时,开始有少量自主研发的设备。

相较2G,第三代移动通信技术(3G)在传输速度上有较大提升,可以处理图像、音乐、视频流等多种媒体形式。3G时代有3种制式,分别为CDMA2000、WCDMA和TD-SCDMA。我国主导的TD-SCDMA实现了拥有核心知识产权和国际标准的突破。

第四代移动通信技术(4G)的上网速率是3G的20倍,这促进了移动互联网的繁荣,人们可以方便快捷地使用手机观看高清视频,完成支付、外卖点单等。4G时代实现了LTE标准的统一,有传统的FDD-LTE和我国主导的TD-LTE两种模式。

第五代移动通信技术(5G)具有超高速率、超低时延、超高可靠性、超多连接的特性,支持切片、边缘计算、更高精定位等新功能,不仅实现人与人的连接,更将开启人与物、物与物的万物互联新时代,促进生活方式、生产方式、工作方式、社会治理和基础设施的数字化。5G时代,全球统一为一种技术标准,我国在5G的技术、标准、产业、应用等方面均呈领先态势。

15
守护信息安全的中文操作系统

信物名称

CCDOS

（汉字磁盘操作系统，Chinese Character Disk Operating System）

信物传承者

中国电子

（全称：中国电子信息产业集团有限公司）

信物年代

1983年

信物印迹

中国第一款中文操作系统

"麒麟"横空出世

2004年的冬天,已近年关,北京市海淀区的一间实验室里,空气仿佛凝固。人们紧张地盯着面前漆黑的计算机屏幕——开机,1秒,2秒,屏幕亮起,计算机桌面上一只麒麟显得格外耀眼。这一瞬间,欢呼声和掌声淹没了整栋大楼——一个划时代的软件诞生了!

时间倒回20世纪80年代初,信息技术革命正席卷全球。大洋彼岸,计算机已正式开拓商业市场,走入大众视野。改革之初的中国,计算机虽然刚刚开始出现在科研领域,但已经显示出信息改变生产、生活的巨大可能。

此时的计算机运行的都是微软公司的纯英文操作系统DOS,语言的门槛将大众与计算机隔离开来。为了攻克这个难题,中国的软件工程师于1983年开发出第一款中文操作系统——CCDOS,实现了计算机操作系统的汉化。正是这款中文操作系统,让计算机开始走进中国的千家万户。

1983年,中国第一款计算机中文操作系统CCDOS

虽然解决了语言问题,但中国的信息产业还有一个更大的难题亟待解决,那就是核心代码的问题。

操作系统就像地基,信息就在上面的房屋里。掌握了操作系统,就相当于可以从地基进入房屋,进而获取最重要的数据信息。如果中国信息产业没有自主的操作系统,一直住在别人的地基上,那么个人及国家的信息安全从何谈起?

2002年,来自全国顶尖信息院所的工程师们选择整合4种不同技术架构的系统设计,经过2年多的鏖战,中国国产操作系统终于研发成功。

2021年，银河麒麟操作系统桌面界面

这个历经千辛万苦才打磨出的操作系统寄托着所有人的期许，它像一个新生的婴儿，让人们感到欣喜。如何给这个"新生儿"命名呢？大家一时犯了难。最终，这样一个名字进入了大家的视野，它借鉴了4种技术架构之所长，跟中国古代神话中的神兽——拥有狮头、鹿角、麋身、牛尾的麒麟有相同的特性，于是便有了如今家喻户晓的名字：麒麟。

是机遇也是挑战

自主研发的操作系统不仅仅只是运行在实验室里，它更需要面对市场的考验。很快，麒麟操作系统迎来了市场上的首秀。

中国民航信息集团有限公司（简称中国航信）的票务系统一直采用的是国外操作系统及数据库。再续约时，外国厂商却狮子大开口，开出了高出以往10倍的价格，中国航信开始寻求国内的替换产品。

票务系统是中国民航的"神经中枢"，它每天产生的巨大交易量对于初出茅庐的麒麟操作系统来说是前所未有的挑战，麒麟团队决定分3步走。

首先，将麒麟操作系统试用于客流量较少的西藏航空有限公司，成功！然后是北京首都航空有限公司，一切顺利！最后，在7个月后，麒麟操作系统迎来了大考，这次服务的对象是中国国际航空公司。作为国内最大的航空公司，它的处理数据的量级远超前两家航空公司，这意味着操作系统后台的工作量将呈指数级增长。国产的麒麟操作系统能否经得住考验？技术人员不禁捏了一把汗。为了保障系统顺利运行，运维专家悉数入场，彻夜值守。所有人的眼睛都紧紧地盯着眼前的屏幕，24小时不间断地检测、维护。一天、两天……一周、两周……屏幕上的数据和后台的系统显示一切正常，所有交易数据均准确无误。终于，麒麟操作系统完美通过考验！

举世瞩目的中国"代码"

在核心领域成功应用的麒麟操作系统，在市场的锤炼中走向成熟，开始逐渐服务于更多的生产、生活领域。曾经举步维艰的它如今已遍布交通、金融、能源、公共服务等领域，奔腾在数以百万计的计算机中，为快速发展的各行各业打下了信息安全的中国"地基"。

经过10多年的艰苦奋斗，麒麟操作系统终于开花结果，不仅服务于生产、生活的方方面面，还在嫦娥探月、"天问一号"等一个个令国人骄傲的"大国重器"中成为安全可靠的后盾。正是这一串串变幻无穷的"代码"守护着信息安全，为我国的现代化发展注入着奔腾之力。

延伸阅读

CCDOS

CCDOS是电子工业部第六研究所（现中国电子信息产业集团有限公司第六研究所）研制的汉字操作系统。CCDOS是中国第一款中文操作系统，也是20世纪80年代较为流行的中文系统。

CCDOS可提供6种输入方法、6763个汉字、619个图形符号，以及16×16点阵、2种字体、16种字形供用户使用。同时，用户可根据自己的需要扩充字库、输入方法，甚至修改CCDOS模块。易学、好用的汉字处理系统是当年推广应用个人计算机的关键。CCDOS的成功开发，打开了微型机处理汉字的大门，开拓了微型机的应用领域，支持了中国微机产业和信息服务业的发展，无愧是实现汉字处理的"金钥匙"。

该操作系统于1986年获得北京电子振兴领导小组一等奖，2004年被评为中国软件最具应用价值的软件产品。

16
中国最早的万吨水压机

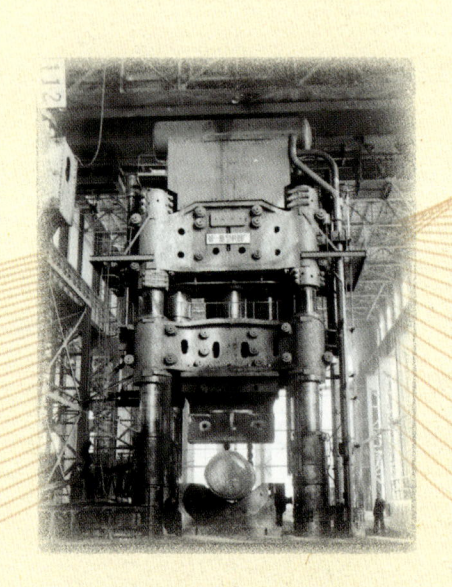

信物名称
12500吨水压机
信物传承者
中国一重
（全称：中国一重集团有限公司）
信物年代
1960年
信物印迹
中国自主制造的最早的万吨水压机之一

20世纪50年代末的一个午夜，嫩江江畔，万籁俱寂。天地间仿佛被刷上了浓浓的黑漆，中国第一重型机器厂的车间内，此时却如白昼一般耀眼。

焊机燃烧的电焊火花，鲜艳夺目，电焊工人好似"沐浴"在飞舞的火花之中。20米长的钢柱前，围满了满怀期待的人们。正当大家等待着焊接成功的那一刻时，意想不到的事情发生了……

这是一台由中国一重的前身中国第一重型机器厂生产的12500吨水压机。这台水压机机身高20多米，质量达2000余吨，当年设计机器时有上千张图纸，如果把它们全部摊开，可以足足铺满两个足球场！

作为冶金、核电、石油化工、国防工业等众多行业压制特大锻件的设备，水压机就像一个巨大的揉面机，数百吨不同材质的钢锭到它手中，就像小面团一样被揉成需要的形状。没有它，飞机、轮船、核电站等需要的"大"和"特"部件都生产不出来。毫不夸张地说，水压机就是现代工业制造的"母机"。

三无条件下诞生的"母机"图纸

1958年5月，一个从北京来的任务传到了位于黑龙江富拉尔基的中国第一重型机器厂，中央决定以这座工厂为主导，研制我们中国自己的12500吨水压机。

听完指示，全厂职工沸腾了。

4年前，国家勒紧裤腰带，拿出4亿多元建设中国第一重型机器厂，这相当于当时全国人民每人捐出了1元钱。如此大的付出，就是为了在此时，

1960年，位于黑龙江富拉尔基的中国第一重型机器厂

迈出这一步。

那时，第一个五年计划刚刚结束，中国的重工业生产有了大幅度的提升。但大型锻件的制造却像一个瓶颈，制约着它的进一步发展。这只能通过大型水压机完成，但外国封锁了大型水压机的制造技术，如果我们花巨大代价请他们代加工，不仅周期长、耗费高，而且通过这样的代工，外国能轻松通过所加工的部件了解中国各大行业的进程，以及核心技术的数据。只有拥有自己的大型水压机，中国的制造业才能不受制于人！

但是，要制造大型水压机这样的"大家伙"并不是件容易的事。

当时，只有美国、苏联等国家拥有万吨水压机的生产能力，连素有"水压机之乡"的捷克斯洛伐克，也仅能生产8000吨级的机器。

在一无资料、二无经验、三无设备的情况下，设计师跑遍了全国有中小型锻造水压机的工厂，认真考察和了解了设备的结构原理及性能，用纸片、木板、竹竿、铁皮、胶泥、沙土等材料做成各种各样的模型，进行反复比较。

经过一年的努力，设计科的7人小组绘制了上千张图纸，终于完成了12500吨水压机的工程图。

逆流而上的勇者们

不过，相较于前期的设计，实际的制造更加困难。

这样巨大的万吨水压机，该从哪里下手开始制造呢？经过专家组反复研究，最终决定抓住主要矛盾，那就是4根大立柱。

4根柱子，每根高将近20米，直径1米，质量达百余吨。这是万吨水压机的主要部件，在工艺上也是最难啃的"硬骨头"。如果能攻克它们，其他问题便迎刃而解。

当时中国第一重型机器厂最大的水压机只有6000吨，要用它直接锻造出大出整体的立柱锻件几乎不可能。在专家组的反复探讨下，最终决定：用大截面电渣焊的办法，将大立柱分3段锻造，最后再焊接为一个整体。

锻造车间里，工人们夜以继日地工作着。

然而，焊接到第二根立柱时却出现了意外。焊接第一道焊口时，连续两次发生故障，不得不中断工作，并用气割割断焊接处重新焊接。谁知，第三次焊接依然失败。

见此情景，一股颓丧的情绪立刻在车间里蔓延，这个情况自然也惊动了在厂工作的苏联专家。本来，苏联专家对中国第一重型机器厂制造万吨水压机就持有异议，他们立刻联名建议当时的厂长杨殿奎，要求立即停止这种焊接方法，推迟进度，重新研究立柱制造方案。

是坚持还是放弃？在这关键时刻，工厂的总工程师赵东宛站了出来。拥有丰富机械制造经验的他，坚信焊接中的失败只是操作上的问题，而非方法上的错误。"焊接中的故障，想办法排除就是了，决不能半途而废！"他向厂长斩钉截铁地说道。

随后，赵东宛把自己的设想和解决问题的方案详细地做了说明。新的战斗随即打响，从那一天晚上开始，焊接现场更加沸腾了。日日夜夜，机器鸣响，焊花飞舞，灯火通明。

1960年5月，水压机本体制造完毕；1962年7月，开始设备安装。

重型装备制造业的压舱石

1963年12月，12500吨水压机终于迎来试车的日子。

质量达200多吨的钢锭从加热炉中运过来，天车伸出力拔万钧的手臂，将钢锭稳稳地放置在水压机的砧子上。操作工大手一挥，水压机的横梁迅速落下，炽热的钢锭像面团一样被揉来搓去，金花四溅，很快变成了一根长长的大轴……

试验成功了。这不仅标志着12500吨水压机研制成功，也昭告着中国第一重型机器厂提

1963年12月，12500吨水压机首次试车

信物百年：红色财经（上卷）

12500吨水压机锻造出的1150轧机轧辊产品

12500吨水压机锻造出的汽轮机转子产品

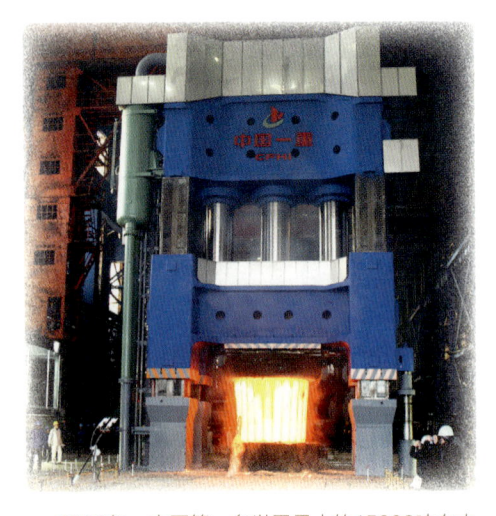

2006年，中国第一台世界最大的15000吨自由锻造水压机热负荷试车

前建设完成！这台12500吨水压机先后为哈电集团、东方电气等提供了20万、30万、60万机组发电机转子、汽轮机转子和护环，并出口国外。万吨巨轮上的船舵杆、传动轴和发动机曲轴、曲拐都是大型锻件产品。有了大型水压机，我国拥有自己的万吨巨轮也终于成为可能。

可以毫不夸张地说，有了万吨水压机，中国真正有了跻身世界顶尖制造大国的可能。也正因如此，1962年周恩来总理到中国第一重型机器厂视察时，将一重称为中国的"国宝"！

2006年，中国第一台自主研制的世界最大、最先进的15000吨自由锻造水压机，再次提升了我国各行业的设备制造水平，为振兴重型装备制造业立下了汗马功劳。

有了万吨水压机，重型装备制造业就有了压舱石，就稳住了人心。而今，中国一重在世界重型工业的跑道上已从"跟跑"转为"并跑"甚至"领跑"，正在全力打造世界最大的一流铸锻钢生产基地。久经北国风霜浸染的中国一重人正迈步走向未来，继续锻造大国重器！

世界一流的铸锻钢生产基地富拉尔基厂区全貌

延伸阅读

"五年计划"

"五年计划"也可称为"五年规划",它的全称为中华人民共和国国民经济和社会发展五年规划纲要,它是中国国民经济计划的重要部分。"五年计划"的目的主要是对国家重大建设项目、生产力分布和国民经济重要比例关系等做出规划,为国民经济发展远景制定目标和方向。

世界上第一个社会主义国家苏联于1928年开始实施"五年计划"。苏联第一个"五年计划"的完成,使它由农业国变成工业国,也初步建立起了独立的比较完整的国民经济体系,为社会主义工业化奠定了基础。于是,很多国家借鉴其经验,迅速编制实施各自国家的"五年计划",这些国家中也包括中国。

中国每一个"五年计划"的制定一般要经过两年多的时间。期间需经过课题研究阶段、思路形成阶段、规划纲要起草和专项规划形成阶段、广泛征求意见和充分衔接阶段,直到最后完成并提交全国人大讨论审议。

中国从1953年开始制定第一个"五年计划"。从"十一五"起,"五年计划"改为"五年规划"。2021年3月11日,十三届全国人大四次会议表决通过了关于国民经济和社会发展第十四个五年规划和2035年远景目标纲要的决议。

17
1元钱上的"东方红"拖拉机

信物名称
1元纸币上的"东方红"拖拉机
信物传承者
国机集团
（全称：中国机械工业集团有限公司）
信物年代
1959年
信物印迹
中国自主生产的第一代拖拉机

1958年，洛阳的一个工厂开进了一台质量1.5吨的火车头，该火车头不是为了牵引，而是为了使锻锤获得动力。工厂的工人们希望能早日制造出我国第一台拖拉机，改变千百年来"耕地用牛"的现状。

在1962年发行的第三套人民币的1元纸币上印有这样的背景图案——我国第一代女拖拉机手开着我国自主生产的第一代拖拉机。这台拖拉机也是我国第一代农用拖拉机，每天可以耕地超过100亩。它的出现对于当时被称为"耕地用牛"农业国的中国，具有划时代的意义。这台拖拉机也代表着我国机械工业的开端。

1958年7月20日，第一台"东方红"拖拉机开出第一拖拉机制造厂大门

洛阳081厂

1953年，时任河南省南阳地委书记的杨立功接到了中央的一纸调令，前往洛阳市筹备制造拖拉机。为了保密，第一拖拉机制造厂（国机集团旗下中国一拖集团有限公司的前身）对外代号是"081厂"。

杨立功的后人回忆，第一拖拉机制造厂是在一片废墟中建立起来的。把第一拖拉机制造厂建在洛阳有两个原因：首先从国防的角度考虑，洛阳在中原地带，四周都是山地，有利于备战，万一打仗，这些设备可以藏在山洞里；其次从全国工业布局考虑，各个地区的工业要均衡发展，而

1959年11月1日，第一拖拉机制造厂举行落成典礼大会

洛阳当时是没有工厂的。为了建设第一拖拉机制造厂，国家投入了1.5亿元，设计年生产能力达到1.5万台。

从零开始的工人们

第一拖拉机制造厂从全国各地招来工人近万人，工程技术人员却只有两三百人。大部分工人都来自农村，连拖拉机都没有见过，经过半天的安全培训，就直接进入生产线当起了工人。于是杨立功决定，让技术人员手把手带徒弟，一个技术人员管理一个班组，白天正常上班，晚上对这些工人进行培训。

1955年，第一拖拉机制造厂建设现场

1952年，国家机械部创办了北京拖拉机工业学校。为了支援第一拖拉机制造厂的建设，鼓励工人们努力学习，机械部就把学校搬迁到了洛阳，改名为洛阳拖拉机制造学校。师生们只要不上课，就可以直接走进第一拖拉机制造厂进行实践。

工厂建好了，工人也就位了，可是自主生产拖拉机的过程依然困难重重。当时，拖拉机的生产参考的是由苏联哈尔科夫拖拉机厂提供的"德特54拖拉机"图纸，可是从苏联运回的产品图纸和工艺图纸全部都是俄文，怎样才能看懂这些俄文资料成为当时的头等大事。据杨立功的后人回忆，当时从全国各地调来了一百多位懂俄文的人，没日没夜地对图纸进行翻译，两大箱子的图纸，翻译了一个多月。

在1959年年初，铸钢车间履带板生产线建成，可生产出的第一批履带板70%有裂纹，只要出现裂纹就属于不合格产品。车间全员行动，细心操纵机器，观察振砂机的跳动情况，很多工人从天黑熬到天明，终于找到了问题的根源，并在之后履带板的生产中将废品率控制到了10%以下。

当时工厂的老员工说，装配车间没有专门的装配线，都是地摊式作业，

20多个人为一摊,分两摊装配拖拉机。当时大家都没有装配拖拉机的经验,他们就对厂里仅有的两台从苏联进口的拖拉机进行拆装,每个人轮流拆装五六次,总算掌握了一些装配的本领。在装配中,哪个零件不会装了,大家就把那两台样机拆开看看,学习琢磨,每天工作十几个小时,忙得中午饭都顾不上吃。

"东方红"拖拉机

经过上万人的努力,眼看着第一台拖拉机就要下线了,但谁也没想到,给拖拉机取名成了个难题。

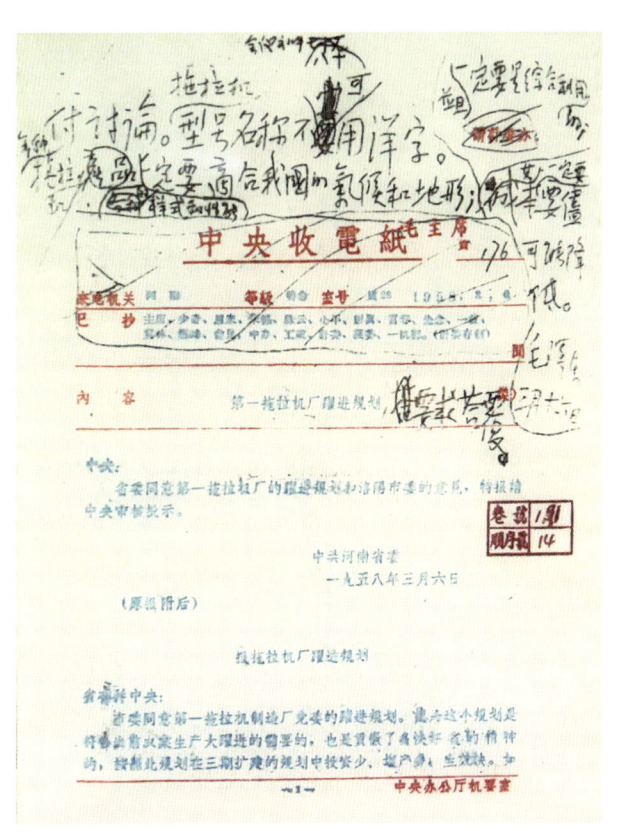

1958年3月16日,毛泽东主席关于中国第一拖拉机制造厂生产的拖拉机命名批示

1958年3月6日,第一拖拉机制造厂向中央发了一份关于生产规划的电报。3月16日,毛泽东主席对电报做出批示。

毛泽东主席在批示的时候,几易其稿,字斟句酌。在"拖拉机型号名称不可用洋字"这句话上,一开始用的是"不要",后来划掉改成了"不宜",然后又划掉,最后改成了"不可"。

主席在一个字上的字斟句酌,正是那个时代中国人对于自立自强的渴望——我们自主生产的第一台拖拉机,一定要叫我们中国人自己的名字。

于是一个给拖拉机取名的热潮在厂里兴起,征集来的名字有"铁牛""龙门""白马"等。有一天,厂里有人在唱陕北民歌《东方红》。一下子,"东方红"这个名字得到了厂里工人的一致认同。从此,"东方红"这个名字传遍了中国的农村,改变了中国的农业。

1元纸币上图案的由来

1959年11月,第一拖拉机制造厂生产的第一批13台"东方红54型履带式拖拉机"运抵黑龙江省的北大荒军垦农场。当时农场还专门举办了一个欢迎仪式,在场的还有我国第一位女拖拉机手梁军。平时开过各种外国牌子拖拉机的梁军看到我国自主生产的"东方红"拖拉机后,兴奋地跳上一台开在了最前面。1962年发行的第三套人民币的1元纸币上的背景图案就是以梁军开着"东方红"拖拉机的场景为原型绘制而成的。

从那个时候开始,上百万台"东方红"拖拉机从洛阳源源不断地运往全国各地。

第一拖拉机制造厂此后又制造出了我国第一台压路机、第一台军用越野载重汽车。在60多年的发展中,累计生产了350余万台各种样式的"东方红"拖拉机和270余万台动力机械,为我国农业机械现代化和乡村振兴做出了巨大的贡献。

从20世纪50年代我国自主生产的第一台"东方红"履带式拖拉机,到如今的动力换挡拖拉机、无级变速拖拉机、智能拖拉机,"东方红"精神始

"东方红"农耕博物馆展品：第一代"东方红54型履带式拖拉机"

终引领着中国农业机械化的技术发展，不断推动中国农机行业的转型升级。

除了农业机械，国机集团在过去的半个多世纪里，在高端重型装备、农林装备、纺织装备等方面，累计获得国家专利13000余项，创造了超过1000项"中国第一"和"首台套"装备，让更多的现代化机械和高端智能装备在中华大地上扎根，造福更多人民。

2017年9月，"东方红"400马力（1马力=735.499瓦）无级变速拖拉机亮相"砥砺奋进的五年"大型成就展

2018年10月23日，中国第一款纯电动无人驾驶拖拉机"超级拖拉机Ⅰ号"面世

延伸阅读

中国农机装备发展现状

农机装备是现代农业发展和保障粮食安全的战略基础，历届党和国家领导人都高度重视其发展。习近平总书记指出，要"大力推进农业机械化、智能化，给农业现代化插上科技的翅膀"。

经过几十年的发展，我国已成为世界农机制造和使用大国，为现代农业发展和农业农村现代化提供了有力的支撑和保障。目前，农机行业满足国Ⅳ排放标准，大、中、小型农用柴油机实现应用，全动力换挡、无级变速传动、动力高低挡等系列重型拖拉机已进入产业应用，最大动力达到260马力。

由国机集团旗下的中国一拖集团有限公司设计制造的新款"东方红"2204无人驾驶拖拉机和全国农机创新中心设计制造的ET504-H5G+氢燃料电动拖拉机是目前我国该系列最先进的拖拉机。"东方红"2204无人驾驶拖拉机整机配备电控发动机、动力换挡变速器及电控悬挂系统等，在操作精度上实现了巨大提升，正常作业误差可以控制在2.5厘米以内，依靠配备的毫米波雷达可同时检测200多个目标点的距离和速度。该机型拖拉机被评为首轮全周期农耕无人化作业表现最稳定的农机。

ET504-H5G+氢燃料电动拖拉机是"超级拖拉机"的迭代产品，其能量供给模式为以氢燃料电池供电为主、锂电池供电为辅，能快速加氢充电、可远程智慧控制的ET504-H，是国内首台5G+氢燃料电动拖拉机。该机型搭载5G，能够将5G应用场景与新型农机无人集群场景有机结合，实现农业全场景无人化作业，可广泛应用于平原及丘陵地区。该机型被称为"新一代绿色智能农机装备的创新探索"。

18
中国第一台水轮发电机

信物名称

水轮发电机组核心部件

信物传承者

哈电集团

（全称：哈尔滨电气集团有限公司）

信物年代

1951年

信物印迹

中国第一台水轮发电机组

1951年冬天，寒风凛冽。东北电工局第四厂内充斥着发电机的轰鸣声。文弱的吴天霖爬上飞速旋转的发电机顶端，开启了极具危险的最后试验。周围人的目光都聚集在他身上。大家明白，如果失败，机组可能会像一枚重磅炸弹爆炸一样四散溅射碎片，后果不堪设想。

突如其来的使命

1951年年初，东北电工局第四厂（哈电集团哈尔滨电机厂前身）收到了周恩来总理的亲自指示，为使被国民党反动派炸毁的四川下硐水电站尽快恢复发电，需要抢制一台800千瓦立式水轮发电机组。

中华人民共和国成立伊始，一穷二白、百废待兴，连恢复生产的电力都无法满足，又逢抗美援朝战争，急需战略物资的生产。内忧外患之下，建设电力装备刻不容缓。

中华人民共和国成立前发电设备主要是从国外进口，中华人民共和国成立后安装的单机容量不超过200千瓦，抢制800千瓦立式水轮发电机组几乎成了当时无法完成的任务。

接到中央命令之后，一时间，一场"为国而战"的生产会战在厂内打响。海外留学归国的工程师朱仁堪、俞炳元、吴天霖、王述羲、陶炜等人带着先进的技术和理念，怀着无比崇高的爱国情怀，肩负起这个重大的任务，负责水轮机设计、水轮发电机设计、机组制造、水轮机和发电机的工艺等设计生产工作。除了北迁的技术工人外，东北电工局第四厂的大部分工人都是从全国各地来的，知识分子也是招聘的。他们白天紧张劳动，晚上刻苦学习文化知识、上技术课。

1951年，东北电工局第四厂临时厂址

1946年，俞炳元（左二）、吴天霖（右二）在美国学习时与好友的合影

1947年12月，陶炜（左）与王述羲（右）在美国的合影

迎难而上

工程师们发现，被炸毁的机组并非在国外学习的型号，必须从头设计。担任水轮机总设计师的俞炳元知道妻子已有身孕需要照顾，但是他没有告诉任何人，依然没日没夜地进行复杂的设计工作。生产条件艰苦、环境简陋，再加上当时东北天寒地冻，临时厂房也没有暖气。为了使身体不被冻着，俞炳元经常把自己关在房间里边走路边思考，时间久了，家里地板硬生生被磨出一道沟痕来。仅仅两个月，俞炳元就设计出了水轮机的图纸。

因条件艰苦无法制造金属或木质模具，工程师们群策群力，终于找到一个简便易行的办法，他们用一颗大萝卜削出了一个木模样子的模型，难题迎刃而解。

水轮机核心部件制造精度的毫厘之差，都会给整个机组造成灾难性的后果。因此，每一个核心部件的制造都凝聚着工人们的全部心血。推力轴承的镜板就是如此。没有标准的制造机床，工人们就先在立式车床上进行粗加工，再用几十千克镶乌金的重盘进行人工研磨，最后垫上金丝绒布并加研磨粉一点点抛光。最终，生产出来的镜板不仅完全符合技术要求，而且表面光洁精美。

靠着不怕困难、艰苦奋斗的精神，哈电人逐一克服了扇形冲片、定子和转子等部件的生产难题。

1951年，中国第一台单机容量为800千瓦的立式水轮发电机组

后来，零部件生产完成，装配上又出现困难，许多加工生产还要在沈阳原厂内完成。为了早日完成使命，工人们昼夜兼程，一次次乘坐单程就需要20多个小时的火车，穿梭于沈阳和哈尔滨之间。

1951年12月22日，最后的转子超速总装试验进入了关键时刻。高速旋转的发电机如果出现故障，可能会像一枚重磅炸弹爆炸一样四散溅射碎片，后果不堪设想。大家在外围用沙袋堆起了一圈一米多厚、两米多高的围墙。看着吴天霖爬上发电机的顶端，周围的人都紧张得攥紧拳头。当吴天霖细心地查看运转情况，测量完风速，发电机缓缓停转后，他起身擦掉一头汗水，说："成了！"瞬间，周围爆发出长久不息的热烈掌声。

试验成功的机组于1952年被安装在四川龙溪河下硐水电站，1959年迁至四川苏雄水电站，并被命名为"苏雄机组"。该机组为西南地区经济发展提供了源源不断的动力。这是中国水轮发电机组的"长子"，实现了我国发电设备制造业"零"的突破。

中国现代水力发电工业体系由此诞生了！

"中国动力"带动世界

如今这台饱经沧桑且安全稳定运行了60年的水轮发电机组，在完成了历史使命后"荣归故里"，被摆放在哈电集团历史文化展厅中，接受着一代又一代哈电人的参观。

从1951年试验成功的中国第一台单机容量800千瓦立式水轮发电机组到如今世界单机容量最大的白鹤滩百万千瓦水轮发电机组，我国水力发电设备设计制造技术迅速接近并超过了世界先进水平。历经70年，哈电集团现在已经形成以核电、水电、煤电、气电、风电等为主导产品的产业布局，实现了发电设备由中国制造向中国创造的转变，为世界持续输出着"中国动力"。

2020年9月9日，哈电集团研制的白鹤滩右岸电站首台百万千瓦水轮发电机组转子吊装成功

延伸阅读

苏雄机组

　　苏雄机组是哈电集团在1951年自主设计制造的一台800千瓦立式水轮发电机组。水轮机采用摩根史密斯转轮，型号HL230-LJ-64.6，公称直径为646毫米，额定功率为800千瓦，转速为750转/分钟，蜗壳、导叶、转轮均为铸造工艺。

　　发电机型号SF0.8-8/1680，额定电压为6.9千伏，定子铁心外径为1.68米，采用立轴悬式结构、管道通风冷却系统。主轴长2220毫米，与水轮机轴使用外法兰连接。转子直径为1200毫米、高400毫米。磁极铁心由1.6毫米厚的普通钢板冲片叠装而成，无阻尼绕组。定子机座直径为2130毫米、高1300毫米，为普通钢板（Q235）焊接结构。定子绕组采用成型圈式叠绕组，其主绝缘为A级云母带。上、下机架均为辐射工字形支臂钢板焊接结构。发电机总质量10.3吨。

　　该机组于1952年一次启动成功并投入运行，1959年迁至四川省甘洛县大凉山苏雄水电站。在近60年的时间里，机组运行稳定，持续发电，为西南地区经济发展提供了源源不断的动力。2010年，该机组因所在河流上游兴建瀑布沟水电站而停运。哈电集团哈尔滨电机厂有限责任公司于2011年收回留念展示。目前，水轮机部分在哈电集团历史文化展厅中展示，水轮发电机部分在哈尔滨电机厂有限责任公司水电分厂展示。

19
鞍钢重轨与"鞍钢宪法"

信物名称
重型钢轨

信物传承者
鞍钢
（全称：鞍钢集团有限公司）

信物年代
1953年

信物印迹
中国第一根自主制造的重型钢轨
（片段）

这段钢轨，是从我国自己制造的第一根重型钢轨中截下来的，它结束了我国不能生产钢轨的历史。1953年12月，鞍钢全体职工将它赠送给了毛泽东主席。现在的人们，或许难以想象它有多么来之不易，仅仅在它诞生的5年前，中国的钢铁工业还几乎是一片空白。

从"孟泰仓库"起家的钢铁工业

1948年11月，辽宁鞍山的气温已经降到了冰点，鞍钢的高炉却比天气还凉。东北刚解放，党中央就下达了鞍钢要迅速恢复生产的指示。面对高耸入云却如废铁一般的高炉，老工人孟泰的心里焦急万分，他非常明白这个任务对中国有着多么重要的意义。

毛泽东曾说："一个粮食，一个钢铁，有了这两样东西，就什么都好办了。"但当时，国内年产钢量不足10万吨，还不够给每家每户打一把菜刀。作为当时国内唯一一家钢铁联合企业，鞍钢虽然已经有了一套较为完整的冶炼体系，但日本人撤走时，对厂区进行了大规模的破坏，整个鞍钢甚至没有一台完整的设备，机器上的零件不是缺失就是被损毁。

为了修复高炉，孟泰带着工友们跑遍了十里厂区，刨冰雪、挖废料堆，搜集了成千上万个零件，从铁线、螺丝钉到阀门、弯头一应俱全。孟泰将它们分门别类做好详细记录，建成了当时全国著名的"孟泰仓库"。

靠着这些零件，短短半年多，鞍钢没花国家一分钱就修复了高炉，炼出了我国第一炉铁水。4年后，以大型轧钢厂、无缝钢管厂和七号高炉组成的鞍钢"三大工程"竣工。1953年12月8日，"共和国钢铁工业的长子"——鞍钢生产出中国第一根12.5米长的重型钢轨，兴奋不

孟泰工作照

鞍钢的孟泰雕塑

1950年1月31日，鞍钢第四高炉

已的工人们把它截下了一段，送到了毛泽东主席面前。毛泽东主席高兴地让人拍下照片，并发信祝贺鞍钢，称赞"三大工程"是"1953年我国重工业发展中的巨大事件"。

从1953年至今，鞍钢生产的钢轨累计铺轨长度已达80万千米，足以绕地球赤道20多圈。如今的全国高铁用的高速钢轨超过70%产自鞍钢。可以毫不夸张地说，中国有铁路的地方就有鞍钢钢轨。随着"一带一路"的前进步伐，鞍钢制造也自豪地走向了世界，成为"中国高铁"名片最坚实的依靠！

影响中外的"鞍钢宪法"

如果说鞍钢重轨直接见证了我们党的英明领导和国家强盛，那么毛泽东主席亲笔批示的"鞍钢宪法"，则更加深刻地总结了党对国有企业管理经验的探索和实践。

毛泽东主席一生做出的批示有很多，但一次写下很多字数的批示却并不常见。1960年3月22日，看过鞍山市委根据鞍钢技术革新情况撰写的报告后，毛泽东主席洋洋洒洒地写下了4页纸、635字的批示。从

1960年3月22日毛泽东主席亲笔批示"鞍钢宪法"

第一句话我们就能感受到主席当时激动的心情:"鞍山市委这个报告很好,使人越看越高兴,不觉得文字长,再长一点也愿意看。"

随着1956年基本完成社会主义改造任务,我国开始转入全面的大规模社会主义建设。

作为当时全国最大的工业企业,各种技术革新和技术革命活动在鞍钢工人群众中兴起。在不长的时间里,鞍钢就突破生产关键难题19542个,建造生产自动线7条、联动线199条、流水线102条,实现单机自动化323台。第二初轧厂成功创造"七双"轧制线,设备能力提高了30%~50%。

随着技术革新的推进,以鞍钢"两参一改三结合""大搞技术革新和技术革命"为首的我国第一个自己的企业管理模式开始形成。鞍钢技术革新和技术革命的成果和经验通过鞍山市委上报中央后,毛泽东主席盛赞"'鞍钢宪法'在远东,在中国出现了。"

正在生产的鞍钢股份炼铁总厂高炉

"鞍钢宪法"的核心内容实行"两参一改三结合""大搞技术革新和技术革命",成了那个时代办好社会主义企业的根本大法,在国内外产生了巨大的影响。1959年,鞍钢全年产钢量高达509万吨,比1958年增长了将近30%,占全国年产钢量的38%!

从鞍钢重轨到"鞍钢宪法",都是鞍钢人在党的领导下创新实践的结晶,彰显着鞍钢人敢为天下先的创新精神和矢志报国的使命担当。作为"共和国钢铁工业的长子",在我国建设最为艰苦的时期,鞍钢人当仁不让地冲在了最前线,创造了国有企业的管理模式,牢牢地夯实了中国工业的基础!

从青藏铁路到三峡工程,从西气东输到海洋钻井平台,从长江大桥到港珠澳大桥,国家重点建设工程处处都有鞍钢的负重担当。百年鞍钢,正在新时代不断赋予"鞍钢宪法"新的内涵,赓续红色基因,创新奋进图强,续写钢铁强国的新故事!

延伸阅读

孟泰

孟泰,中共党员,1898年8月生,河北丰润人,鞍钢炼铁厂配管组组长、工人技术员,生前系鞍山钢铁公司炼铁厂副厂长、工会副主席。

他爱厂如家、艰苦奋斗,常常在炼铁高炉旁奋战几十个昼夜不回家,从泥土中挖出旧备件上万件,建立起闻名全国的"孟泰仓库",为鞍钢在中华人民共和国成立初期迅速恢复生产建设和发展做出了重大贡献。他攻坚克难、勇于担当,解决了大量生产技术难题,率先发起成立工人技术协作协会,使鞍钢成为我国"技术革新、技术革命和合理化建议"活动的发源地。

1967年9月30日,孟泰在北京病逝,享年69岁。

他是第一届、第二届和第三届全国人大代表,荣获全国劳动模范荣誉称号。2009年,孟泰当选100位中华人民共和国成立以来感动中国人物,2019年获评全国"最美奋斗者"。

20
中国第一支海外债券凭证

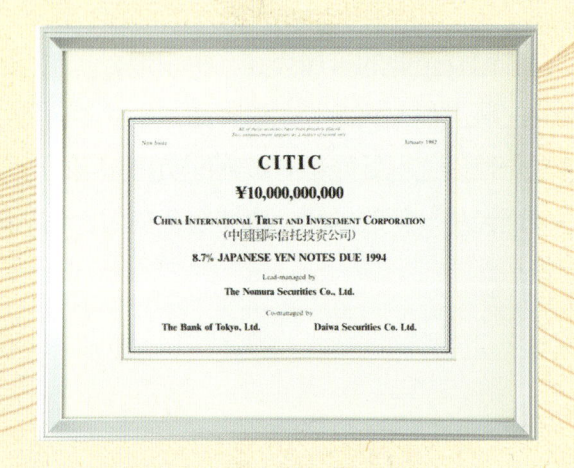

信物名称

海外债券凭证

信物传承者

中信集团

（全称：中国中信集团有限公司）

信物年代

1982年

信物印迹

我国第一支在海外发行债券的凭证

1979年上半年，位于江苏省仪征县的仪征化纤厂工地突然停工，大批从国外进口的仪器、原料、催化剂，尚未拆封就堆放在刚刚征用的土地上，这个关乎国计民生的重点项目似乎还没有开始就要中止了。没有人能够想到，不久的将来，不仅它将重获新生，一种全新的经济模式也将由此开启。

　　中信集团保存的这张"海外债券凭证"，是中华人民共和国成立后第一次在国外发行的债券，上面只有简短的几行字，但每一个字，每一个数，都有着特殊的意义和分量。

　　中国国际信托投资公司（中信集团前身）在1982年发行的这支"海外债券"，救活了濒临下马的"仪征化纤"项目，开创了利用国际资本市场融资支持国内经济建设的道路，使之成为改革开放中"第一个吃螃蟹的人"，这一模式也被业界称为"仪征模式"。

20世纪80年代，仪征化纤厂

打破陈规的勇者

1980年，仪征化纤厂8000亩（1亩=666.7平方米）地已被征用，一时间国内化纤业的焦点都投向仪征。这是个年产53万吨聚酯的超大企业，不仅将解决当地上万人的就业问题，更将解决全国老百姓"穿衣难"的大问题。但最初国家预计投资的10亿元人民币突然拿不出来了，仪征陷入了僵局：项目下马，亏钱；项目继续，缺钱。怎么办？

中信集团党委宣传部原部长杨林说，因为当时的中国国际信托投资公司（以下简称中信公司）董事长荣毅仁曾经担任过纺织部的副部长，于是纺织部找到荣老，希望中信公司能够帮助解决资金的问题。

此时的中信公司账面资金仅有几百万元人民币，要用中信公司的钱拯救仪征化纤，可谓天方夜谭。

荣毅仁提出借鸡生蛋的方案，即"以公司项目名义在海外发行债券筹集资金"，这一提议可谓一石激起千层浪，各种质疑此起彼伏。当时很多人都说不能拿资本家的钱来搞社会主义建设，出现了姓"社"还是姓"资"的质疑，而且我国曾经有一个引以为自豪的纪录，那就是"既无内债，又无外债"，所以在整个项目的提出及审批过程中，受到的阻力非常大。

1982年6月，中央拍板同意了中信公司海外发行债券的方案，同时发布了国务院的支持政策，在贷款还清前，对仪征化纤实行免税政策。

中信公司董事长荣毅仁

尽管海外融资是国际上通行的做法，能解决国内资金不足的问题，但海外融资在我国从来没有过先例。有人问，出了问题怎么办？荣毅仁力排众议："出了问题我负责。"于是，一年半以前中信公司提出的海外融资设想，这个时候终于可以付诸实践了。

计划有了，方向就要明确。海外债券究竟该在哪里发行？荣毅仁发现日元债券利率不算高、到期时间比较长，于是便与日本野村证券进行谈判，但中信公司成立时间太短，企业性质和信用都被日方质疑。

日本大藏省提出了疑问："由中国哪个机构为债券担保？"对此，党中央特批，国务院发出了一份重要公函：中信公司是国务院直属部级企业，当中信公司出现合并或重组时，由国务院指定的机构承担和继承债权与债务。

推动经济的"仪征模式"

1982年1月18日，农历腊月二十四，过年的气息越来越浓，一纸传真让66岁的中信公司董事长荣毅仁有些激动——"中国国际信托投资公司在日本发行100亿日元私募债券的协议达成"。这是日本主承销商野村证券行田渊节也社长发来的传真。

"仪征有救了！"这个消息给春节添了喜气。从1979年出任董事长那天起，荣毅仁就明白，中信公司的成立就是为了引进国外的资金和技术，做中国经济发展的"催化剂"，用融资帮助更多的中国企业成长壮大。

不到半年，中信公司在日本第一次发行了100亿日元私募债券，也就是仪征债券，立即被抢购一空。"仪征模式"带动了众多中国企业在境外开展融资活动。在国外发行债券，成为我国筹集建设资金的重要手段，强力推动了社会主义经济的高速发展。

市场中的"先行者"

1984年，中信公司先后发行300亿日元、3亿港元、1.5亿马克（德国马克2000年停用，改用欧元，1马克=1欧元）和1亿美元的债券，为改革开放以后的中国现代化建设争取到了极为宝贵的资金援助。

1985年7月1日，中信公司董事长荣毅仁，这位曾经最著名的民族资本家，成了一名光荣的中国共产党党员。这一年，仪征化纤一期工程落成。

"仪征债券"的发行成功，增强了国外投资者对中国改革开放的信心。

1982年以后，中信公司始终活跃在国际资本市场上，通过发行更多的国际债券筹措资金，用于国内电力、能源、交通、钢铁等行业基础建设。中信集团多次扮演着"首吃螃蟹"和"先行者"的角色，在很多个历史节点，以敢为人先的精神参与推动中国和社会的经济转轨。中信集团的发展史，也见证了中国改革开放的发展史。

中信大厦外景

延伸阅读

中国现代民族工商业者杰出代表——荣毅仁

荣毅仁（1916—2005年）是中国现代民族工商业者的杰出代表，卓越的国家领导人，伟大的爱国主义、共产主义战士，曾担任中华人民共和国副主席，第六、七届全国人民代表大会常务委员会副委员长，中国人民政治协商会议第五届全国委员会副主席，中华全国工商业联合会主席，中国国际信托投资公司董事长。

荣毅仁从小就受到父辈实业救国、勤奋敬业精神的熏陶，大学毕业后便参与了家族企业的经营管理，为中国现代民族工商业的发展而不懈努力。1949年6月后，荣毅仁参加上海市工商联和全国工商联的筹备成立工作，在配合党和政府完成对资本主义工商业的社会主义改造过程中发挥了积极作用，成为工商界的一面旗帜。

中华人民共和国成立后，荣毅仁坚决拥护和接受中国共产党的领导，为我国的经济发展做出了重要贡献，赢得了普遍尊重，被称为"红色资本家"。

改革开放以后，在邓小平同志的支持下，荣毅仁率先提出引进国外资金、引进国外先进技术、引进国外先进管理方式，并提出发展金融、贸易的意见，做了大量卓有成效的工作。

荣毅仁是中信集团的创始人。在他的卓越领导下，中信集团充分发挥中国对外开放重要窗口的作用，成功开辟出一条通过吸收和运用外资、引进先进技术和管理经验为国家社会主义现代化建设服务的创新发展之路，取得了令人瞩目的成果，为国家和社会做出了重要贡献。

21
中国第一艘远洋船

信物名称
中华人民共和国0001号船级证书
信物传承者
中国远洋海运
（全称：中国远洋海运集团有限公司）
信物年代
1961年6月14日
信物印迹
中华人民共和国第一艘远洋船

1961年4月28日，"光华"轮在广州黄埔港开航仪式

　　1961年4月28日清晨，广州黄埔港前人山人海、盛况空前，简陋的黄埔港码头上红旗漫卷，俨然成了一片红色的海洋。整修一新的"光华"轮上高高飘扬的五星红旗在各色彩旗的映衬下显得格外醒目。伴随着一声嘹亮的汽笛声，"光华"轮吹响了中华人民共和国向远洋事业进军的第一声号角。承载着祖国和人民的重托，"光华"轮在喧天的锣鼓声、喜庆的鞭炮声和热烈的欢呼声中徐徐驶离码头。从这一刻起，"光华"轮的启航彻底结束了我国没有自己的远洋船舶的历史，谱就了"光我中华"的航运史诗。

时代召唤

　　中华人民共和国成立初期，由于受到帝国主义和敌对势力的封锁，我国远洋运输业陷入停顿状态。为打破敌对势力禁运和封锁的限制，尽快恢复和开展对外贸易，我国一方面开始租用外籍商船进行对外贸易运输，另一方面与波兰等国成立合资公司，组建合营远洋船队，开展国际海运合作。我国的发展离不开远洋运输，但不可能永远依赖别国的帮助。面对不断增大的对外贸易运输需求，依赖租用外籍商船运输已无法满足，建立中国自己的远洋船队迫在眉睫、刻不容缓。

砥砺前行

1960年7月25日，在周恩来总理的指示下，国家拨款26.5万英镑（现约合人民币239.11万元）从希腊购买的客货两用船"斯拉贝"号驶离罗马尼亚康斯坦萨港。"斯拉贝"号系1930年贝尔法斯特船厂为英国尼尔森航运公司建造的5艘"高原"级邮轮之一。1959年英国尼尔森航运公司将其卖给希腊比雷埃夫斯市的约翰·拉蒂斯后更名为"玛丽安娜"号。1960年中国远洋运输局委托捷克公司在希腊购得该船并再次更名为"斯拉贝"号。1960年7月，"光华"轮首任船长陈洪泽带领21名中国船员乘飞机经由莫斯科来到康斯坦萨港，接当时的"斯拉贝"号回国。

然而，眼前的一切却让所有人大吃一惊。当时的"斯拉贝"号已经接近报废状态，船上的航海仪器、通信设备失灵，客房、船室、甲板多处漏水，船壳铆钉松动，锚链严重磨损，可谓千疮百孔。船员们面对如此破败不堪的船况深感疑惑，为什么国家要花那么多钱买一艘破船？船长陈洪泽解答了船员们的疑虑并鼓励他们："过去我们没有自己的远洋船，净受气。从这艘船开始我们就有了自己的船，我们一定要争口气。国家现在困难，等以后祖国强大了，我们也一定会开上全世界最大最好的船。"

船员们克服了重重困难，1960年7月25日船长陈洪泽带领

"光华"轮——中国第一艘远洋船修复试航

船员们驾驶着"斯拉贝"号离开了康斯坦萨港，一路边开边修，最终顺利回到了祖国。回国后即驶往香港开始了长达7个多月的全面整修工作。

孤帆远征

作为中国的第一艘远洋船，党和国家领导人十分关心整修工作的进展。周恩来总理在百忙之中还时刻牵挂着"光华"轮的整修进展情况，曾多次致电过问，甚至连几颗松动的铆钉是否已修好都问到了。

1960年12月15日，交通部远洋局发布了《关于客轮命名的通知》，其中将"斯拉贝"号定名为"光华"轮，意喻"光我中华"。12月20日在广州港经中华人民共和国船舶检验局检验并授予"光华"轮中国船级（此前由于种种原因，我国所有的远洋船舶船级认证均由苏联进行检验发证，且均为苏联船级）。1961年6月14日中华人民共和国船舶检验局为"光华"轮签发了中华人民共和国0001号船级证书代表着我国史上第一艘悬挂五星红旗的自主运营远洋船就此诞生了。

1961年5月"光华"轮首航归来并从印度尼西亚接回难民

1963年10月20日参加新兴力量运动会的中、朝、越3国运动员在"光华"轮上

1961年4月27日，中国远洋运输公司在北京宣告成立。4月28日清晨，我国第一艘悬挂五星红旗的自主运营远洋船"光华"轮拉响了启航的汽笛，从广州黄埔港起航驶往印度尼西亚，就此揭开了我国远洋航运事业的壮丽篇章。

从1961年4月28日起至1975年7月8日止，"光华"轮共营运了15年。期间曾先后13次到印度尼西亚接侨、3次到印度接侨，完成了运送中、朝、越3国运动员参加在印尼雅加达举行的新兴力量运动会、运送我国援外技术人员到阿拉伯也门共和国、运送我国修建坦赞铁路的工程技术人员到坦桑尼亚等撤侨、援外、外贸等各项光荣的政治运输任务。

百舸争流

作为我国航运事业的开创者，中国远洋海运参与了中国航运70年从近海到远洋、从追随到领跑的历史进程，亲历了改革开放40多年中国波澜壮阔的伟大变革。在"光华"轮吹响启航号角的60年后的今天，中国远洋海运集团始终心怀建设"航运强国"的伟大梦想，坚守"航运强国"的初心使命，实现了船队规模和综合运力世界第一（近1400艘船、超过1.13亿载重吨）的骄人业绩。中国远洋海运集团积极参与"一带一路"建设，国际业务遍布全球160多个国家和地区，航线覆盖全球1500多个港口，已成为全球最大的综合性物流供应链服务集团。

"远神海"轮（40万吨级全球最大干散货船）

中国远洋海运星座系列 20000TEU集装箱船（20万载重吨）

延伸阅读

远洋客货船

　　远洋客货船，原指在海洋上的定线、定期航行的大型客货兼容轮船，现泛指19—20世纪初期广泛营运于全球各国间的邮轮。"邮"字本身具有交通的含义，以前跨洋邮件都是由这种大型快速客货船运载的，故得此名。

　　邮轮最早是在英国兴起的。这些英国轮船都要悬挂英国皇家邮政的信号旗。在1850年以后，英国皇家邮政允许私营船务公司以合约形式帮助他们运载信件和包裹。这个转变令一些原本只载客的船务公司旗下的载客远洋轮船，摇身一变成为悬挂着皇家邮政信号旗的载客远洋邮轮。"远洋邮轮"一词便因此诞生。

　　20世纪初，由于飞机技术还不成熟，人们开始登上邮轮漂洋过海，邮轮旅游业开始发展，不过邮轮最重要的功能还是运载邮件和载客。后来，随着喷气式民航客机的出现，原来的跨洋型邮轮相比航空运输，它速度慢、消耗时间长的劣势日益显现，远洋邮轮逐渐退出了历史舞台。

22

六十五年前的飞行员进出港日记

信物名称

进出港日记

信物年代

1956年

信物传承者

中航集团

（全称：中国航空集团有限公司）

信物印迹

见证了中国民航总局第一代飞行员飞出国门

这是一本记载了20世纪50年代我国民航总局创建时期飞行任务的记录本。这本珍藏在档案室的《进出港人员日记》里，手写着当年每一次飞行的航线、机型、飞行时长、机组人员等信息。1953年，我国民航总局成立了第一个飞行大队，这是国航飞行总队的前身。这本泛黄的记录本里，承载着我国民航总局创建时期的一段筚路蓝缕、一往无前的珍贵历史回忆。

克什米尔公主号

中华人民共和国成立之初的10年间，国际局势变幻莫测，当时的中国还没有属于自己的国际航线，出国访问的领导和外交代表团，只能租用外国的飞机，飞行安全令人担忧。

1955年4月11日下午6时40分，英国路透社的一条爆炸性新闻震惊了全球。印度航空公司的"克什米尔公主号"飞机载有中国代表团工作人员，在载有中航集团工作人员飞往印度尼西亚万隆的途中发生爆炸，坠毁在马来西亚沙巴洲外海100海里（合185.2千米）附近，除3名机组人员外，其他人员全部遇难。

这一事件不仅让全世界震惊，也使得我国的领导人强烈意识到，要想在复杂的国际关系和潜在的敌我斗争中站稳脚步，建立我们自己的飞行队伍、建设自己的国际航线已经刻不容缓。

承载党和人民的信任的首航

1956年11月17日，中国民航总局决定：民航北京管理处派出伊尔-14型632号和626号两架飞机，执行搭载周恩来总理和贺龙副总理访问南亚三国——越南、柬埔寨和缅甸的专机任务。这也是中国民航总局首次执行搭载国家领导人出国访问的专机任务。

越南是周恩来总理出访南亚三国的第一站，拉开了中国民航总局首次执行搭载国家领导人出国访问专机任务的序幕。

1956年11月17日上午，专机从北京西郊机场起飞，经停武汉、南宁，飞往越南首都河内。11月18日上午10时，专机顺利降落在河内机场，越南总理范文同在机场举行了隆重的欢迎仪式，热烈欢迎周恩来总理一行访问越南。

但接下来的航程就没有那么轻松了。11月22日，专机飞离河内，开始了访问柬埔寨之行。从越南河内到柬埔寨首都金边，这一段飞行对机组来说是一次考验。当时越南还没有统一，越南南部是美国支持建立的南越政权。我国和南越政权没有外交关系，和老挝也没有建立外交关系，而且那里正处于战争状态。此条航线的必经之处有越南南部与老挝之间的一个夹角，是靠近泰国空中的一条宽度不超过10千米、长度为70～80千米的航路，飞机从这里经过时绝对不能偏航。

由于越南南部仍处于战争状态，美国空军飞行员每天都驾驶着很多架飞机在空中进行侦察。这架专机上载着的是以周恩来总理为首的中国政府代表团，万一被美军发现后把专机拦截到越南南部或老挝，再出现什么问题，后果将不堪设想。

机组把这条航线画得很直，周恩来总理还与机组一起查对地图、画航线，为机组鼓舞士气。他说："有危险，但是没什么关系。我们要勇敢，一定要飞过去，一定能飞过去。"飞行过程中，机组始终捏着一把汗，精神保持高度紧张，一方面严密观察周围有没有异常情况，防止出现敌机拦截；另一方面握好驾驶杆，保持飞机沿航线飞行。耳机里，美国空军飞行员在空中通过无线电发出的对讲声清晰可闻。机组全员屏住了呼吸。经过大约30分钟的"静默飞行"后，终于飞出了这段危险的区域，大家心里的一块石头才落地。在金边东坡机场，西哈努克亲王（柬埔寨王国前国王、终身国家元首、柬埔寨国父）带领王室大臣们以王家礼遇迎接中国使者。那时，我国与柬埔寨还没有正式建立外交关系，为保证安全，经与柬方商议，柬方派士兵日夜守卫专机，以防发生不测。同时，机组人员也轮流昼夜值班，护卫专机。

结束了对柬埔寨的访问后，专机从金边东坡机场直接飞往缅甸首都仰光。这段航程飞得非常顺利，在密支那（缅甸北部克钦邦首府），代表团受到了缅方的热情款待，在露天的草坪上，中缅总理与机组一起跳起舞来。

"飞出去，一定要飞出去。"这是周恩来总理的重要指示。首飞南亚三国，是中国民航总局专机飞行的起点，或者说只是一次飞行热身。

"走出去"的中华人民共和国

记录这本《进出港人员日记》的人，都是我国民航事业的开创者。随着我国民航事业的快速发展，他们中间的很多人，听从党和国家的召唤，奔赴祖国各地为民航事业贡献自己的力量。可以说，这本日记见证了我国民航事业的启航。

当时只有83名飞行员，主要来自空军和"两航起义"人员；10余架飞机，都是老旧的螺旋桨飞机。就是在这样艰苦的条件下，他们扛起了建设国内、国际航线、服务我国经济发展、打破西方对我国对外航空的交通封锁、帮助我国外交走出去的重要使命。

中航飞行总队运行控制中心

如今，这本《进出港人员日记》已经完成了它的历史使命，虽然新的数字化技术替代了手工记录，但它播种下的精神仍然生生不息、代代相传。

从"八一"开航，到试飞拉萨、勇闯"世界屋脊"青藏高原；从率先开通中欧中美航班，到连通"空中丝路"；从参与唐山大地震救援，到利比亚撤侨，再到抗击疫情冲锋在前……中航人在一次次起降、一班班飞行、一项项任务中，锤炼出了听党指挥、报效祖国、服务人民的"精忠报国"奋斗精神。一代代中航人把国旗印在机身上、更镌刻在心底，只要党有号召、祖国有召唤、人民有需要，就一定勇挑重担，使命必达。

延伸阅读

飞行辅助工具——飞行计算尺

飞行计算尺

飞行计算尺是20世纪70年代前飞行员必备的飞行工具。计算尺由3个互相锁定且有刻度的尺身、滑尺和游标组成，可以进行飞行速度、爬升速度、飞行时间、距离和燃料消耗的函数计算，以及千米/海里和加仑/升燃料容量转换的函数计算。

在我国民航起步阶段，在飞行领航和地面导航设备相对落后的情况下，这把并不起眼的计算尺发挥了极大的作用。在飞行导航应用中，由于地磁两极的不对称和磁场的不规律性，磁子午线一般不经过地磁南北极，磁针所指的磁北方向不一定是地磁北极的方向，这会导致航向偏差，所以先要在磁罗盘读取罗盘航向，再经修正得到磁航向，最后经过计算得到实际航向。

在修正风偏角应用中，风的影响会改变飞机的运动轨迹，导致飞机偏离预定航线，所以航向需要在无风航向的基础上进行风修正计算。这就需要在飞行计算尺上进行航迹角、偏流角的加减计算，得出飞机的应飞航向和应飞速度，以确保飞机能够安全、准确、准时地到达目的地。

到了今天，先进的机载导航、地面导航和卫星导航设备，实现了飞机在规定区域内的自由飞行。更精密的导航技术，实现了复杂航路、机场和高原飞行全航路的精密导航。

23
一顶经历传奇的飞行帽

信物名称
飞行帽
信物传承者
东航集团
（全称：中国东方航空集团有限公司）
信物年代
1949年
信物印迹
经历"两航起义"
（"两航"指原属国民党政府的中国航空股份有限公司与中央航空运输股份有限公司）

一顶皮质飞行帽，不仅经历了一次关乎命运的飞行，还经历了"两航起义"的历史。正是这一次飞行，开启了中国民航发展事业历史的崭新纪元。

"飞虎英雄"的决定

"明天就要行动了，你随便带一点东西，把孩子也带上。"男人一边说着，一边检查手枪里的子弹。他一抬头，就看到了妻子眼神里的惊慌。

夫妻俩都知道，航空公司是禁止飞行员带枪的。

就在昨夜，她才从丈夫口中得知，今天的这一次飞行，目的地不是重庆，而是祖国的北方。56位飞行员要发动一次起义，脱离让他们失望透顶的国民党当局的掌控，驾驶这12架飞机回到党和人民的怀抱。

"我要上飞机，万一被国民党特务知道了，不让我走，我就跟他拼命！"说罢，男人戴上了往日随他征战的皮质飞行帽，宛如戴上了一顶战盔。戴上这顶皮质飞行帽的男人，叫林雨水。

东航集团第一任飞行教员林雨水

北飞的编队，特殊的导航

林雨水——一个被称为"飞虎英雄"的王牌飞行员。72年前，他参与了一次震惊中外的行动。

故事要从1949年11月9日讲起。那天清晨，香港启德机场平静如常，只是不时有探照灯发出的信号光左右摇动。朦胧的晨光里，56位飞行员分别登上了12架不同型号的飞机。其中1架飞机上坐着周秀笙和她3岁的女儿。她的目光总是望向驾驶室的方向，因为此刻坐在那里的，正是她的丈夫林雨水。周秀笙眼神里掺杂着激动和焦虑。昨夜，她从丈夫口中得知，今天的这一次飞行是一次伟大的举动，但这一路一定危机四伏。

当时，国民党政权已撤退至台湾，但其残余势力仍盘踞在两广、西南等地区，企图负隅顽抗，空中运输是其支撑战局的生命线。这次起义一旦成功，将会给国民党政权在政治和军事上造成重大打击。

凌晨4时半，发动机的轰鸣声划破了机场的沉寂，12架来自原中国航空股份有限公司与中央航空运输股份有限公司的飞机陆续起飞。为了迷惑机场塔台中的工作人员，他们先佯装飞向重庆，过了一座山后，就立刻降低高度，飞入云里，避免让国民党的雷达监测到。直至避开雷达后，才调头向北。

在机群飞到汉口的时候，国民党发觉了12架飞机的异常航线，立即派来4架战斗机拦截。作为参战80余次，击落多架日军飞机的功勋飞行员，林雨水此刻犯了难。如果他驾驶的也是战斗机，或许还能和敌机周旋一场。然而，他现在驾驶的飞机没有战斗能力，国民党的飞机一直在汉口的上空盘旋，他只能无奈躲入云中。但在云中飞行很影响驾驶员的视线，每分每秒飞机都会有撞山的危险。和日军进行空中大战都面不改色的林雨水，想到此刻在飞机后舱焦急的妻子和天真的女儿又紧张了起来。他在一次次惊险的闪避中出了多少冷汗，恐怕只有他戴的皮质飞行帽才知道。但这时，林雨水必须摒除杂念、全神贯注地驾驶，才能保证自己和其他人的安全。

就这样飞了许久，突然耳机中传来了女播音员的声音："这里是武汉人民广播电台。"12架飞机的机组人员齐声欢呼，这是事先约定好的联络信号，这标志着他们已经进入了解放区。亲切的声音每15秒出现一次，这是党组织特意为此次参与起义的飞机安排的导航！

点燃燎原之火的12架飞机

穿云破雾，飞过秦岭、飞过黄河，此时的林雨水几乎按捺不住心头的激动，他感到套在身上多年的锁链终于被斩断了。经过8小时的航程，12架飞机分别降落在北京西郊机场和天津张贵庄机场，这就是震惊中外的"两航起义"。毛泽东主席特意给参与"两航起义"的飞行员发来电贺，赞扬"这是一次有重大意义的爱国举动"。12架飞机安全抵达的消息传来，香港"两航"的2000多名员工立即通电起义。"两航起义"就像一粒火种，点燃了烈火燎原。

"两航起义"后，这12架飞机成为我国民航初期的机群主体，成功归来的技术业务人员成为我国民航事业建设中的主要技术业务中坚力量。林雨水亲自培养出数以百计的学员，他们后来相继成为民航飞行队伍及管理层的骨干力量。在"两航起义"的引领下，中国民航事业拉开了新的篇章！

我国民航事业在一穷二白中起步，从小到大、从弱到强，最终实现飞速发展，与世界发达国家的民航业并驾齐驱。目前，东航已拥有750余架先进飞机，可通达全球170多个国家和地区的1036个目的地，多项核心指标均居全球民航业前列。

至今，中国民航总局共拥有

1957年，上海民航中队首批开航飞机

1988年，东航集团飞行培训中心MD82模拟机

1988年，中国东方航空公司成立大会

23　一项经历传奇的飞行帽　139

信物百年：红色财经（上卷）

20世纪90年代末期，上海虹桥机场东航集团柜台

4000多架飞机，足以飞遍全球任何一个角落，中国民航业在世界航空舞台上举足轻重。这顶见证英雄征战四方的皮质飞行帽虽然早已光荣退役，发起"两航起义"的英雄们有些也已不在人世，但那段令人热血沸腾的历史却永远留在人们的脑海中，激励着中国航空人不断地逐梦高飞。

今日东航集团机队

延伸阅读

"两航起义"

1948年年底,"两航"共拥有各型飞机近百架,机组人员和地勤人员共6000余人,"两航"的飞机成为国民党政权的重要空中交通工具。因此,当时"两航"飞机的动向对国民党军事空中运输乃至国共两党双方的战场形势有着至关紧要的影响。

1949年11月9日,"两航"的爱国员工发动了震惊中外的"两航起义",驾驶飞机从香港飞回内地。"两航起义"是中国共产党领导下的一次爱国壮举,是广大"两航"员工在波澜壮阔的革命大潮中,遵循中国共产党指引的方向、发扬爱国主义精神、投向人民祖国怀抱的正义行动。毛泽东主席称之为"一个有重大意义的爱国举动"。周恩来总理称它是"具有无限前途的中国人民民航事业的起点"。

"两航起义"是中国民航史上的一个转折点,飞回内地的大批技术业务人员成了我国民航事业建设中的主要技术业务骨干力量。他们在1950年8月1日的"八一开航"、1956年5月试航拉萨成功、盲降设备试制、改建天津张贵庄机场和武汉南湖机场、兴建首都机场等工作中,均发挥了重要作用。

24

开启中国航空事业的"冯如"飞机

信物名称
"冯如"号飞机
信物传承者
南航集团
（全称：中国南方航空集团有限公司）
信物年代
1911年
信物印迹
第一架中国人自主设计制造的飞机

1911年1月18日，在美国旧金山海岸边的一个广场，一只"飞鸟"凌空而上，在40英尺（合12.192米）的蓝天上划出一道完美的航线后，返回广场降落。地面上观看的人群欢呼雀跃、掌声雷动。然而走出机舱的，却是一名黑头发黄皮肤的中国人，他就是冯如。

　　目前中国年客运量最大的南航集团所保存的这架飞机模型，它的原型是由冯如设计制造的双翼飞机。在世界航空事业的萌芽阶段，冯如是飞机的设计师、制造者，也是飞行员，他被人们称为"中国航空之父"。他倡导的"航空报国"伟大抱负，激励着一代又一代航空人。

航空人的遗志

　　在广州市天河区，树立着一座雕像，在雕像旁边还有一座石碑，碑文用浑厚的楷体写着：冯如坠机处。

　　1912年8月25日，冯如在广州燕塘机场飞行时不幸发生意外，飞机从空中坠落，冯如被甩出机外。弥留之际，他为中国航空的后继者们留下了一句话："勿因吾毙而阻其进取心，须知此为必有之阶段。"

双翼飞机真机

然而，在冯如牺牲后的30多年时间里，中国大地战火不断。虽有广大仁人志士继承了冯如"航空报国"的信念，但中国本土制造飞机的技术始终没有得到大的发展，中国航空事业举步维艰。

一穷二白中重生的"武汉"号

1949年11月2日，中国民航总局的成立揭开了我国民航事业发展的新篇章。中国民航总局建立之初，航空器材极度匮乏，主要依靠修复国民党遗留在大陆的飞机来组成民航的家底。民航事业从一穷二白中起步，即使是再残破的飞机，他们也不可能轻易舍弃。

1951年，一架被拖车拖着的飞机行驶在广州天河机场的地面上，这是人们在对新装上的3个起落架进行运转试验和前轮转向试验。这架飞机是美军C-46运输机。1948年，这架飞机在天河机场着陆时冲出跑道，导致机头触地。因为损毁状况过于严重，一直到广州解放，这架飞机也没有修好。

1951年7月31日上午，中国民航总局在天河机场举行了一次简短的抢修动员大会，要求修机队在两个月的时间内，修复这架C-46运输机，作为国庆的献礼。

这架飞机驾驶舱玻璃全部破碎，舱内仪表和设备早已荡然无存，电器线路及接头也已被拆除，就连螺旋桨都不见踪影，整架飞机几乎只剩下了外壳。在缺少大量修理设备和飞机零部件的情况下，修复难度可想而知。但民航广州修机队依然接下了这项难度大、时间紧的修机任务，在"中国航空之父"冯如的故乡，他们要让这架飞机再次起飞。

1948年残破的C-46运输机

由于该架飞机上的设备、仪器大量缺失，替换的零部件几乎都是在旧料堆里寻找到的。油管除部分必须更换为全新的以外，其余的都是用旧的代替。为了保证安全，每个旧部件都经过了严格的检查。

1951年9月底，修复一新的C-46运输机由"两航起义"时担任机长的边任耕、周丕显、潘作霖驾驶，飞抵武汉南湖机场。军委航空局将重生的飞机命名为"武汉"号。

1951年，修复好的"武汉"号飞机

"武汉"号的成功修复，标志着中国民航总局在成立初期进行的最艰巨的抢修机群工程圆满结束。民航人在设备不全、工具缺乏的情况下，共修复了17架飞机，它们与"两航起义"回归的12架飞机，共同形成了中国民航总局初期的机队主体。

在一穷二白中起步的中国航空人没有忘记冯如精神，制造中国人自己的飞机，依然是所有中国航空人的梦想。

低空飞行的运输机

在飞机尚不能成为人们交通出行的重要工具时，中国航空人依然努力发挥着飞机的最大作用。1951年5月21日，军委航空局首次使用1架C-46型飞机在广州市区上空执行喷洒药物杀灭蚊蝇的作业飞行，拉开了我国通用航空事业发展的序幕。

1957年12月23日，中国第一架自行制造的运输机——运-5飞机制造成功。运-5飞机研制成功以后，很快成为我国农用飞机的主力机型。与当年冯如飞机努力追求飞得更高相反，运-5飞机追求的是优良的低空操作性能，以便完成洒农药、撒树种等农业、林业飞行任务。

由于飞机里装的全是农药，飞行高度过高会导致农药汽化，因此当时的农业作业最重要的就是要把握平原的超低空飞行，保证飞机离地面5～7米。在山区进行超低空飞行时，飞机需要保持离树梢10～15米的距离，山怎么走树就怎么长，飞机就怎么走，有上有下，才能播树种子。

1957年，中国第一架运-5飞机

通用航空事业在中国社会主义建设中发挥了巨大的作用，特别是1952—1965年，我国通用航空事业迎来了第一个黄金期。我国在航空摄影、航空探矿、播种造林、航空遥感、农林化飞行、航空护林等方面进行了大胆的技术革新和飞行实践，创造了许多通用航空历史第一的纪录。

今日南航集团机队

  从冯如第一次驾驶飞机飞上蓝天以来，中国民航事业走过了1个多世纪的风雨历程，从无到有、从弱到强，直到和高速发展的中国一起腾飞。2020年5月，南航集团首次登上全球航空公司运力榜的第一名。

  如今，南航集团已经成了亚洲运输飞机最多、航线网络最发达、年客运量最大的航空公司。扎根于冯如先生的故乡，南航集团一直以冯如"航空报国"的精神为信条，为建设世界一流航空公司、打造民航强国和交通强国而努力奋斗。

延伸阅读

中国"航空之父"冯如

  冯如是我国航空史上第一个飞机设计家、飞机制造家、飞行家、飞机制造企业家，被人们尊称为"中国始创飞行大家"。1909年9月21日，他驾驶自行设计制造的第一架飞机"冯如1号"成功飞上天空，把中华民族几千年的飞行梦想变为现实，开启了中国航空事业的伟大征程。

  世界第一架飞机制造成功和帝国主义对中国的侵略，使冯如痛切地感到："是（指制造机器）岂足以救国者。吾闻军用利器，莫飞机若，誓必身为之倡，成一绝艺以归缋祖国，苟无成，毋宁死。"冯如刻苦钻研技术的目的非常明确——"要'壮国体，挽利权'"。

  1909年9月21日，冯如在美国设计制造了中国人的第一架飞机，并在奥克兰亲自驾驶它飞上了蓝天，实现了中国人的首次载人动力飞行。这一天也成为中国航空事业的起点。之后，他为报效祖国，带着自造的飞机回国，投身革命，领导了中国第一支革命飞机队。

  1912年8月25日，冯如在驾驶"冯如2号"进行飞行表演时因事故牺牲，年仅28岁。他的一生虽然短暂，却像一颗耀眼的流星划过历史的天空，在世人心中留下了难以磨灭的记忆。而且他身上忠诚祖国、敢为人先、不怕牺牲、勇于创新的精神，不但成为激励中国航空事业不断发展的强大动力和不竭源泉，更无愧于他被称为"中国航空之父"的称号！

25
"国旗红"染料染成的五星红旗

信物名称
"国旗红"染料染成的五星红旗
信物传承者
中国中化
（全称：中国中化控股有限责任公司）
信物年代
1952年
信物印迹
实现国旗染料自主生产

1952年9月21日，一面崭新的五星红旗在东北化工局研究室外的小院里缓缓升起。在小院的广场上，近百人静静伫立。这一刻，人们萦绕在心头近3年的遗憾，终于得以平息。他们是谁？这面国旗背后又有着怎样的故事？

中国中化保存的信物是一面五星红旗，看上去，它与别的国旗并没有什么区别，就是年代显得久远了一些。但在中化人的心目中，这是五星红旗中最美的一面。因为它是第一面由中国人，也就是由当时中国中化所属的沈阳化工研究院的前辈们用自主开发、自主生产的"国旗红"染料染红的第一面五星红旗。

"国旗红"染料

1949年10月1日，中华人民共和国诞生，五星红旗在天安门广场缓缓升起，举国上下一片欢腾。但是中国的第一面国旗，用的却是国外的染料。庆典结束后，一项任务交到了当时的东北工业部化工局研究室，那就是研发中国自己的"国旗红"染料。

东北化工局研究室是沈阳化工研究院的前身，紧邻我国最大的钢铁企业——鞍钢，研究室的实验原料完备。作为中国最早的化学工业科研部门，研究室工业基础非常雄厚。可当时的东北化工局副局长林华将这一任务下达后，研究员们却陷入了沉默。当时只能生产黑、白、灰三种颜色的染料，红色染料完全依赖于进口，谁也不知道红色染料要怎么造。

一方面，是国内红色染料的空白急需填补；另一方面，是没有资料、没有图纸、没有经验的现状。在这样的情况下

沈阳化工研究院东北化工局研究室

25 "国旗红"染料染成的五星红旗

研发"国旗红"染料，并没有想象中那么简单。

1950年年初，东北化工局研究室确立了以苏鹏飞为首的7名研究员作为第一研发梯队，"国旗红"染料研发小组正式成立。

中国人最不缺乏耐心和毅力。从国内外收集基本的化工染料的资料开始，到通过各种渠道来收集和借鉴图纸，再到自学测绘后自己复刻各种图片。他们用这种最原始的办法，一点一点地推进对红色染料的研究。因为他们一定要研究出色泽鲜艳、色谱准确、牢固度高、耐光热、耐水洗、永不褪色的红色染料。

来之不易的高压釜

实验进行了1年多以后，在一个挥汗如雨的日子，红色染料终于研制成功了。红色染料的成功研制让研究员们松了一口气。但是仅仅10天以后，坏消息传来了，刚刚染好的布料，颜色褪色了。

褪色意味着之前所有的努力都化为泡影。这一消息让研究员们备受打击，在查阅了所有资料后，他们得到了一个关键词——高压釜。高压釜是利用高压固色的设备，经过高压釜的压力炼制，染料颜色才能更稳定、更牢固。然而，当时的中国连一台高压釜都没有。

资料上说，高压釜是用不锈钢做的，可当时的中国并没有不锈钢。后来采办部通过关系才找来一小块，研究员只能用这么一小块来研究制作高压釜。这块来之不易的不锈钢承载着许多人的期待，直到两个月后，一个小型的高压釜才渐渐成型。虽然容量只有3升，但它起到的作用非比寻常。

1952年9月21日，第一面由国产染料印染的五星红旗在化工局研究室的小院里缓缓升起，近百人脱帽注视。这一刻，他们已等了3年。

今天，染料生产对于我们来说已经习以为常了，但在当时，"国旗红"染料的研发是我国化工行业历史上的一次重大突破。

登上月球的五星红旗

如果说这面国旗代表了中国化工材料从无到有的进步，那么另一面国旗则见证了大国的崛起。

2013年12月15日，"玉兔"号探月车登月，在月球第一次竖立起五星红旗。中国中化旗下的研究设计院研发的这面红旗既能应对月球日夜近300℃的温差，又能抵抗太空高剂量的辐射，在月球极端的环境下，始终保持五星红旗的鲜艳颜色，这是我国自主研发并拥有自主知识产权的创新成果。

目前我国在化工新材料上还有许多技术亟待突破。中国中化不忘"国旗红"的精神和初心，传承色泽鲜艳、色谱准确的红色基因，坚持科学至上、不断创新的理念，全力将自己打造成以生命科学和材料科学为引领的、科学技术驱动的、可持续发展的、世界一流的综合性化工企业。

2021年3月，经国务院批准，中国中化和中国化工正式实施联合重组。这一举动，将切实提高我国在全球能源、化工和农业领域的创新能力和产业地位，推动我国由化工大国向化工强国迈进。未来，中国中化将以两化重组为契机，在促进化工行业转型升级、全面建设社会主义现代化国家的征程上不断进步，为实现中华民族伟大复兴的"中国梦"贡献更大的力量。

2013年，"嫦娥三号"和"玉兔"号上的五星红旗

中国中化典型代表产品：宝卓9625

2021年，中国中化控股有限责任公司正式成立

延伸阅读

染料分类

染料是能将纤维染成鲜明而坚固色泽的有机化合物。它们有颜色，溶于水，在纤维上有一定的牢固度，在后期加工或水洗的过程中也能保持原本的颜色。

染料可以被分为两大类：天然染料和合成染料。天然染料的分类包括植物类染料、矿物类染料和动物类染料。合成染料可分类为化学研究、合成及应用方便的染料。

不同的染料适用于不同材质的制品，所以，染料应用也被分成了很多种类别。

酸性染料多用于蛋白质纤维与尼龙纤维及真丝制品等，它的颜色非常鲜艳，但水洗牢固度比较差，干洗牢固度优异，在天然染色中被广泛使用。

阳离子染料（碱性染料）同样色泽艳丽，适用于腈纶、涤纶、锦纶、纤维素，及蛋白质纤维，但用于天然纤维素与蛋白质织品时水洗与耐光牢固度很差。

直接染料适合于纤维素和纤维织品，水洗牢固度较差且耐光牢固度不一。

分散染料适合于粘胶、腈纶、锦纶、涤纶等，水洗牢固度不一，涤纶较好但粘胶比较差。

活性染料大多用于纤维素和纤维织品，它色泽鲜艳，耐光，水洗耐摩擦，牢固度比较好，是目前使用最为普遍的一种染料。

硫化染料适合于纤维素和纤维织品，色泽灰暗，主要是藏青、黑色、草绿色和棕色，耐光，耐水洗，牢固度非常好，但不建议氯漂。

26
走向世界的"红八中"商标

信物名称
"红八中"茶叶商标

信物传承者
中粮集团
（全称：中粮集团有限公司）

信物年代
1951年

信物印迹
中华人民共和国成立后第一个茶叶商标

从1951年3月25日开始，同一则广告在《人民日报》的第4版连续3天出现。广告的标题是"国营中国茶业公司征求商标图案"，主要内容是"兹征求商标一种，应征者请以十六公分见方纸张绘就图案加说明并注意：（一）简单明了醒目便于缩小，（二）能表示茶叶特征或机制品质优良意义，（三）最多二套色"。

那么，中国茶业公司（简称中茶公司）为什么要通过这种方式来征集商标？征集过来的商标到底是什么样的呢？

"红八中"商标

中华人民共和国成立后第一个茶叶商标"红八中"商标，有着70多年的悠久历史。商标设计为中间一个绿色的"茶"字，四周环绕着红色的"中"

1951年《人民日报》刊登中茶公司商标招标广告

2021年审核登记的"八中茶"著作权证书

字,代表着中华人民共和国出品的绿色茶叶,有"中国茶叶销往四面八方"的含义。这是中粮集团所持有的近万个商标中历史最悠久的一个商标。

这枚"红八中"商标,于1951年9月14日正式申请注册,经中央私营企业局核准,发给商标审定书,中茶公司取得专用权,商标注册证为第13072号。它的诞生和发展都离不开一个人——中粮集团中茶公司的第一任总经理吴觉农。

"振兴华茶,以茶报国"

吴觉农提出了"振兴华茶,以茶报国"的口号,这成为他毕生追求的人生目标,同时也是他的初心和使命。

中国茶叶公司首任经理——吴觉农

1951年,《人民日报》刊登中茶商标中标告示

26 走向世界的"红八中"商标 157

1938年，抗日战争如火如荼，四十不惑的吴觉农积极开拓茶叶对外贸易，获取财力以支援抗战。他受当时政府委托前往武汉，与苏联政府进行以茶叶换武器的谈判。谈判虽然成功了，但是茶叶去哪里找呢？

此时的大半个中国烽火连天，中国最大的茶叶出口市场上海已经沦陷，吴觉农必须带人奔波在敌人的眼皮子底下，冒着生命危险到各个茶区去收取茶叶。一年的时间，他们不仅超额履行了对苏联政府的易货合约，并且靠出口茶叶换回了不少外汇，为支援抗日做出了巨大的贡献。在中国共产党的带领下，吴觉农以"茶叶救国"为目标默默地战斗着。

1949年11月23日，中华人民共和国第一批国营专业公司——中国茶叶公司成立，由时任农业部副部长的吴觉农兼任总经理。紧接着，吴觉农马上提出来，中茶公司需要有自己的商标，象征着中华人民共和国成立后生产的中国茶叶，具有特殊的意义。这才有了开篇征求商标图案的故事。

经过严格的审核、筛选，中茶公司最终评选出了前三名的商标图案，并在《人民日报》刊登了中标告示。然而，吴觉农经过谨慎考量，最终选择了将由上海曹承熙先生设计的"红八中"茶叶商标方案作为中茶公司的商标。

打破"封锁禁运"的中国品牌

20世纪50年代初期，许多国家对中国实施了"封锁禁运"。恢复对外贸易、进口战略物资，成为当时中国经济建设的重点之一。茶叶在人类发展史上是具有特殊性的一种商品，在许多国家是生活的必需品。这种最具中国传统优势的商品，成为突破贸易封锁、获取外汇的重要手段。在中华人民共和国刚刚成立的时候，茶叶对于中国经济建设有着特殊的意义。

中粮集团"红八中"茶叶商标走出了国门，第一次为中国的品牌树立起了旗帜。这一时期，与茶叶一起走出国门的，还有大米、小麦、棉花、罐头、肉制品等农副产品。

1949年2月，中粮集团前身——华北对外贸易公司在天津成立。1952年9月，中国粮谷出口公司、中国油脂出口公司和中国食品出口公司3家对外

"复刻"的老中粮门头

贸易公司几乎同时成立。1961年1月,3家公司合并为中国粮油食品进出口公司。在拓展出口贸易的过程中,中粮集团打造了梅林、天坛、珠江桥、水仙花等品牌,为当时的出口换汇做出了重要的贡献。

在先辈们奠定的基础上,中粮人薪火相传,到第二个五年计划完成时(1958—1962年发展国民经济的计划,简称"二五"计划),"红八中"茶叶出口创汇共计1.4亿美元,全部用于偿还国家当时为发展工业向苏联借的贷款,为中国的工业发展提供了有力的支撑。

在百废待兴的年代,在党和国家领导人的关怀下,依靠党和政府的支持,中粮人奠定了中国茶叶和粮油贸易事业的基础。

全球农粮行业中的中国食品

改革开放后的40多年，中粮集团茶叶生产力迅速提升。到2019年，中粮集团共出口茶叶近500万吨，出口金额近70亿美元，在全球开拓了100多个国家和地区的茶叶市场，并创建了以"中茶"为核心的主体品牌。

从70年前的第一个"红八中"茶叶商标开始，随着中粮集团一个个著名商标的出现，中粮集团的产品遍布米、面、油、糖、肉、奶、酒等农粮食品产业，一步步完成了从田间到餐桌的"全产业链"发展，并把产业布局扩展到了海外，进入了全球农粮行业的核心区域。

不仅如此，中粮集团严把从田间到餐桌的每一道关口、每一个环节，构建了涵盖整个食品供应链的"源头保障+过程控制+风险预警"全程安全保障体系，守护着全国人民"舌尖上的安全"。

小小的商标，凝聚了企业的文化，见证了中国进出口贸易发展的历程，共同构成了中国品牌市场经济最亮丽的风景线。

今日中粮代表性产品

延伸阅读

中国茶叶公司

中国茶叶公司成立于1949年11月23日,是中华人民共和国成立后第一批国有公司,是中华老字号资源库中一家全品类茶叶企业。该公司统一经营和管理全国茶叶的收购、加工、出口和内销业务,被尊称为"当代茶圣"的吴觉农出任第一任总经理。

1956年1月,中国茶叶公司更名为中国茶叶出口公司,统一经营和管理茶叶、咖啡、可可的进出口业务。

1961年1月,中国茶叶出口公司和中国土产出口公司合并成立中国茶叶土产进出口总公司,统一经营茶叶和土产类商品的进出口业务。

1970年1月,中国茶叶土产进出口总公司和中国畜产进出口总公司合并成立中国土产畜产进出口总公司,茶叶国内购销业务移交商业部。

2004年,中国土产畜产进出口总公司与中粮集团有限公司进行并入式重组,之后它正式成为中粮旗下全资子公司,中国茶叶成为中粮集团18个专业化平台之一。

2019年12月25日,中国茶叶有限公司完成股权分置改革工作,正式更名中国茶叶股份有限公司,加速向品牌消费品企业转型。

作为中国茶叶企业代表,中国茶叶公司为国家各个时期经济建设大幅出口创汇以及经济发展做出了重要贡献,夯实了我国茶叶产业再度复兴的基础。

27
中国第一枚金属国徽

信物名称
国徽
信物传承者
通用技术集团
[全称：中国通用技术（集团）控股有限责任公司]
信物年代
1951年
信物印迹
中国第一枚金属国徽

1951年4月，沈阳第一机器厂的车间里，在熊熊炉火的映照下，一枚巨大的国徽徐徐升起，国徽上闪动的光芒，照耀在每个铸造者的脸庞上。

照片上的这枚国徽，是中华人民共和国成立后制作的第一枚金属国徽同比例缩小版。它由中国先进机床装备领军企业——通用技术集团保存，代表着当时高精度铸件的最高技艺。它的原型宽2米、高2.4米、重达487千克，曾经在1951—1970年的20年间悬挂于北京天安门城楼之上，受到全国人民的瞩目和全世界的关注。

木质国徽的变革

1950年10月1日是中华人民共和国成立一周年的纪念日，10天前刚刚确认图案的国徽正高悬于雄伟壮丽的天安门城楼正中央。国徽呈圆形，金光闪闪，引得人们驻足仰视。

当时很少有人知道，这枚金光闪闪的木质国徽是应急之作。因为长时间的风吹日晒，国徽很容易变形褪色，因此，必须抓紧时间制作一枚金属国徽，来替换木质国徽。

20世纪50年代，沈阳第一机器厂

铸造中华人民共和国第一枚金属国徽的重任光荣地落在了在铸造技术方面闻名于全国的沈阳第一机器厂身上。

任务下达的那一刻，全厂上下都激动万分，倍感骄傲。但激动过后，又开始担心。因为在当时的技术条件下，车间仅能用勺炉生产一些维修弹簧和简单的零配件。要完成国徽这种体量大、表面平整光滑、纹理清晰的高精度铸件，对于当时的沈阳第一机器厂来说，无疑是一个巨大的挑战。

随后，工厂推举了铸造技术尖子焦百顺为组长，又选取了十几名技术尖子成员组成铸造团队，并明确指示：中华人民共和国的第一枚金属国徽，必须要在1951年的劳动节挂在天安门城楼上。

层出不穷的难题

铸造国徽的第一道工序是做模型，这直接关系到铸件的质量。国徽图案的中间是五星照耀下的天安门，周围是谷穗和齿轮。刚开始，铸造团队做出的模型图案模糊，麦穗粒不鼓，麦芒不显。这让焦百顺焦虑不安，他日夜研究，反复筛查，最终发现原因是厂内的砂型质量不过关。随后，一场全国范围内筛选砂子的活动开始了。经过工人上百次的筛选，他们发现内蒙古和大连的砂型质量符合标准。内蒙古的砂细且有黏性，大连的砂粗且无黏性，两种砂子混合后铸型，能保证国徽表面的光洁度和清晰的纹理。历经千辛万苦，铸造团队终于完成了铸造国徽的第一道工序，做出了合格的国徽模型。

但是，在第一次试浇铸之后，更复杂的问题出现了，浇铸的铸件出现了局部缩型、凹陷等问题。当时，制作国徽的材料采用的是铜铝合金，其中铜占8%，铝占92%。这两种金属的熔点相差极大，浇铸的火候时机不易掌握。第一次浇铸后，国徽中天安门的图案就出现了凹陷的问题，导致后续的铸造工作无法进行，面对这样的精密加工难题，铸造团队又该如何解决呢？

铸造团队只能一次又一次地实验。没有脱氧剂，就用木棒搅拌脱氧；没有测试铝水温度的仪器，他们就在炉前用肉眼观察铝水颜色的变化。经过反复的实验，最终确认，因为国徽铸体的面积非常大，金属液的流动时间长，当金属液变成固态时，最后冷却的部分就容易形成凹陷。

找到了问题的根源，铸造团队立刻将水口改造为双水口，并采取局部浇水、加速冷却的方法，让最后冷却的部分先冷、先变硬，使铸件局部缩型、凹陷的难题迎刃而解。

1951年，中华人民共和国第一枚金属国徽挂上天安门城楼

铸造国徽的第二道工序是精加工抛光。为此，铸造团队自制了一套打磨工具，他们用钢丝刷将国徽毛坯凹凸不平的地方打磨干净，再用小刀将国徽图案雕刻出来，用刮刀刮平后再进行整体抛光，使得国徽的表面如镜面般光亮。在经过烤漆贴金等数道工序后，沈阳第一机器厂终于完成了铸造国徽的任务。

1951年5月1日，在中华人民共和国成立后的第二个劳动节，在全国人民欢度节庆的喜庆气氛中，凝结着所有铸造者心血的第一枚金属国徽，终于正式悬挂在天安门城楼上。

"技术"为本，继往开来

从铸造第一枚金属国徽开始，70多年来，通用技术集团一直秉持以"技术"为本的初心使命，为国家经济建设和社会发展创造了上百个"中国的第一"。成功研制出了第一台中国人自己的机床；引进了中国第一套维尼纶成套设备，

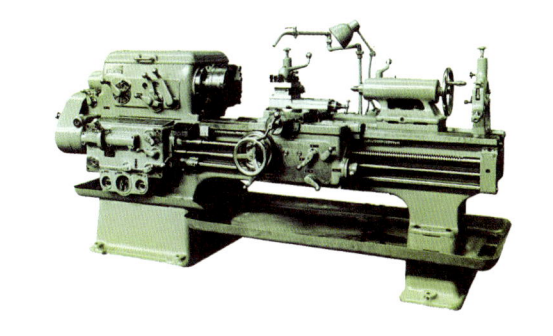

中国第一台机床

中国第一套维尼纶成套设备

2019年2月"年产6万吨新溶剂法纤维素纤维产业化项目"在河南省新乡市开工

解决了亿万中国人的穿衣难题；引进了时速200～300千米的高铁动车组技术和设备，彻底改变了中国人的出行方式。

进入21世纪，通用技术集团用18年的时间成功研发出100%国产化的绿色纤维产能项目，让中国成为全球第二个拥有绿纤产业化技术的国家。

国徽是国家荣誉的象征，中华人民共和国第一枚金属国徽由沈阳第一机器厂亲手制造，这是通用技术集团永远的骄傲，也是中国永不褪色的记忆。

今天，作为唯一以机床为核心主业的中央企业，通用技术集团突破一批高端数控机床的关键技术难题，成为世界机床技术领域的先进企业。在新材料领域，成为全球生物基纤维领域数一数二的"单项冠军"。在贸易与工程服务领域，是国家重大技术装备引进的主渠道、"走出去"的主力军。

国徽照耀着人民，也指引着通用技术集团在建设世界一流高端机床装备集团的征途中奋勇向前，为国家的工业化建设和现代化建设，持续贡献先进技术的力量。

延伸阅读

中华人民共和国国徽

中华人民共和国国徽，中间是五星照耀下的天安门，周围是谷穗和齿轮。两把谷穗组成正圆形的环，齿轮安在下方谷穗杆的交叉点上，齿轮的中心交结着红绶，红绶向左右绾住谷穗而下垂，把齿轮分成上下两部。

按规定，下列机构应当在机构正门上方正中处悬挂国徽：各级人民代表大会常务委员会，各级人民政府，中央军事委员会，各级监察委员会，各级人民法院和专门人民法院，各级人民检察院和专门人民检察院，外交部，国家驻外使馆、领馆和其他外交代表机构，中央人民政府驻香港特别行政区有关机构，中央人民政府驻澳门特别行政区有关机构。

按规定，下列场所应当悬挂国徽：北京天安门城楼、人民大会堂；县级以上各级人民代表大会及其常务委员会会议厅，乡、民族乡、镇的人民代表大会会场；各级人民法院和专门人民法院的审判庭；宪法宣誓场所；出境入境口岸的适当场所。

中华人民共和国国徽是中华人民共和国的象征和标志。一切组织和公民，都应当尊重和爱护国徽。

28
守护承诺的红军借谷证

信物名称
借谷证
信物传承者
中储粮集团
(全称：中国储备粮管理集团有限公司)
信物年代
1933年
信物印迹
土地革命战争时期，
红军向群众借粮的凭证

1934年10月10日，长征的第一天，红军部队在路过瑞金市麻地村时，毛泽东夜宿在贫农钟运祥的家中。第二天一早，钟运祥就把家里仅有的4担稻谷全送给了红军。毛泽东推辞不过，接下了稻谷。作为凭证，他给钟运祥留下了几张特殊的票证。这几张特殊的票证便是"中华苏维埃共和国借谷票"，又称"借谷票"或者"借谷证"。

"借谷证"最早由中央苏区印发于1933年3月，是中国共产党最早发行的粮票。它比1955年我国发行的第一套全国粮票足足早了22年。

在当时，"借谷证"为发展巩固革命根据地、打破敌人的军事"围剿"和经济封锁，做出了重要的贡献。

"借谷证"的诞生

1931年11月，中华工农兵苏维埃第一次全国代表大会召开，宣告中华苏维埃共和国中央临时政府成立，毛泽东当选为临时中央政府主席。

当时的粮票

28　守护承诺的红军借谷证　169

此后，中国工农红军在中国共产党的领导下、在苏区群众的支持下，不断发展壮大。全盛时期，仅中央苏区主力红军就有10万多人。

在红军不断发展壮大的同时，粮食供给成为苏区政府需要解决的最大问题。1932年，中央革命根据地个别地区发生了夏季粮荒。到了翌年年初，奸商乘机囤积粮食、哄抬物价。同时，国民党反动派施行"困死""饿死"手段，向苏区实行经济封锁。这导致苏区普遍发生粮荒和饥荒，红军的粮食供给十分困难，形势非常严峻。

当时，对中央苏区来说，粮食的缺乏，不仅是经济问题，还是影响到突破敌人"围剿"、保卫红色政权的政治问题。

1933年2月8日，中共苏区中央局发布《关于在粉碎敌人第四次"围剿"的决战前面党的紧急任务决议》，强调要集中一切经济力量借二十万担谷子来帮助革命战争，这项工作应是目前最为重要的战斗任务。1933年3月1日，中华苏维埃共和国临时中央政府发布了第20号训令，为了及时供应红军军粮，决定在中央苏区向群众借稻谷，史称"借谷运动"。

"借谷证"便是在这样的历史背景下印制发行的。政府规定，持"借谷证"者可在当地政府粮食仓库、粮食合作社、农民那里，领粮、借粮、吃饭。被借者凭证即可兑粮、兑款，也可作交公粮或缴纳土地税之用。此外，"借谷证"上还印有借谷的斤数和详细的说明条款。条款里标注了持证者、被借谷者和具体使用规定等信息。每一张"借谷证"都加盖了苏维埃政府的红色印章。当"借谷证"上盖印大大的"注销"二字时，证明红军已经把此次借得的谷物归还给借谷对象了。

军民鱼水情

1934年1月21日至2月1日，第二次全国苏维埃代表大会胜利召开。大会一致通过了毛泽东主席的报告，决定设立中央粮食人民委员部。陈潭秋同志被任命为中央粮食人民委员部部长。他一上任，首先进行的工作是在全中央苏区范围内深入开展节约运动，并且以身作则，身体力行。

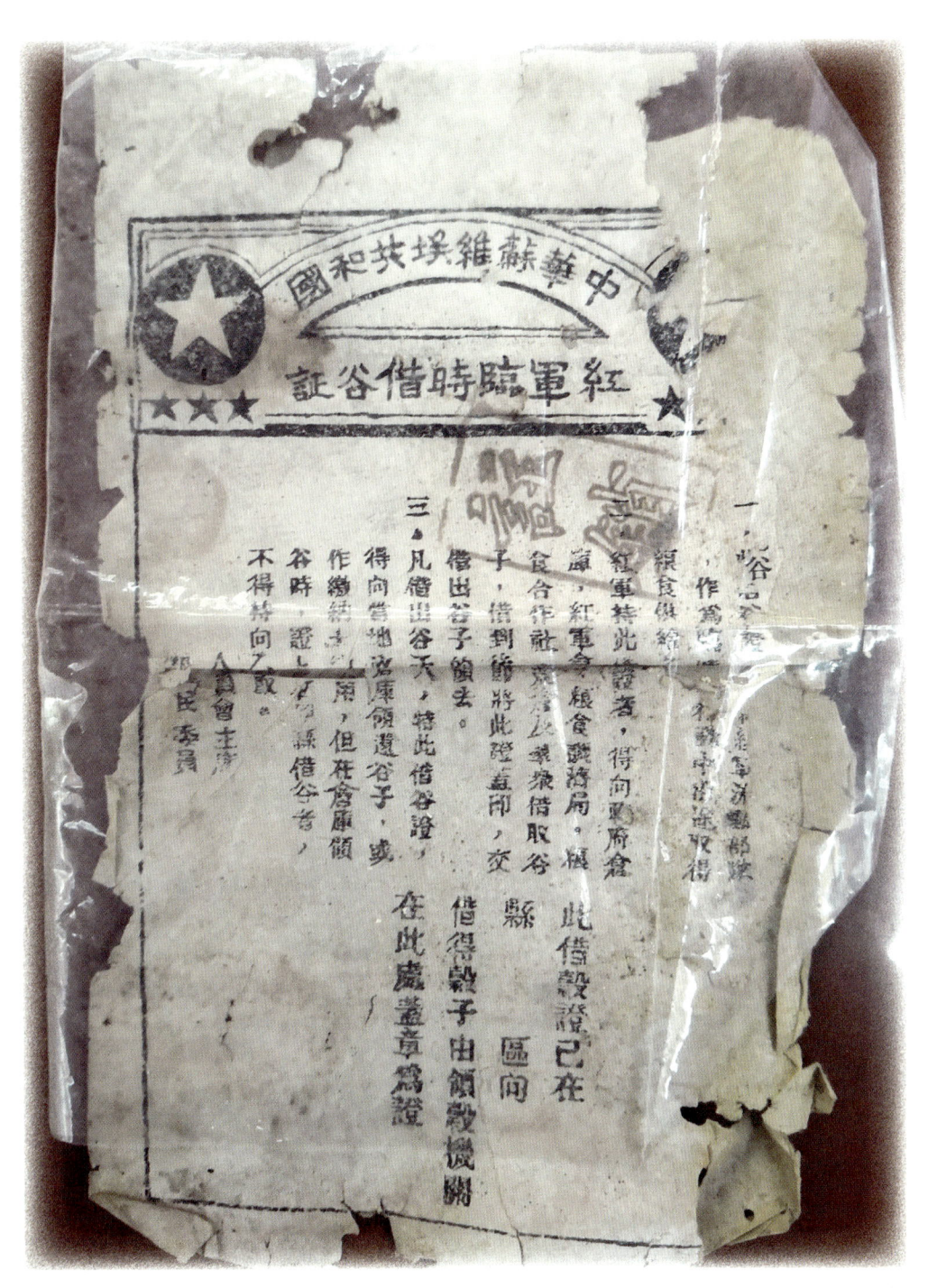

20世纪30年代，中央苏区发行的红军临时"借谷证"

陈潭秋一方面在1934年4月26日《红色中华》上发表了《把节省运动开展到群众中去》的社论，要求每个人节省3升米（中国传统的计量单位：1升米约1.5斤米）来捐助红军。同时，他还自己带头节粮，每天只吃两顿饭。遇上饭量大不够吃的同志，陈潭秋经常把自己的一份饭分一部分给饭量大的同志吃，自己却饿着肚子工作。

在这种异常艰苦的日子里，陈潭秋同志呕心沥血，对红军"借谷证"的使用与管理，提出和制定了一整套详尽周密的方案与措施，使红军"借谷证"得以顺利发行，规范运转，精确结算。

1933年和1934年，在中国共产党的领导下，中央苏区先后3次发行"借谷证"和借谷收据，共向群众借谷100余万石（中国传统的容量单位：一石等于10斗，1斗等于10升，所以1石米就是100升米）。这大大缓解了军粮紧缺的局面，为红军长征提供了坚强后盾。

这段时间里，包括"借谷证"在内，中央苏区共发行过九大类别的红军军用粮票：一是红军临时"借谷证"；二是中华苏维埃共和国中央政府粮食人民委员部"米票"；三是中华苏维埃共和国临时中央政府临时"借谷证"；四是中华苏维埃共和国"借谷票"；五是不确定数量的群众借谷三联收据；六是中央军区供给部"油票"；七是中华苏维埃共和国湘赣省收买谷子期票；八是节省3升米支援红军三联收据；九是其他临时粮食借据。

中华人民共和国成立后，人民政府落实当年红军的承诺，规定：凡持有"借谷证"的，可凭票抵作公粮，也可以兑换现金。

群众手中持有的大量"借谷证"，有的得到了超出"借谷证"上借谷数量甚至是翻倍的兑换，有的折领现金，还有的把它当作一种珍贵的历史文化财产保留起来，从未兑换。

如今，毛泽东主席留给钟运祥的"借谷证"，被钟家后人视为传家宝，世代珍藏。

"借谷证"代表着中国共产党从始至终对群众言出必行、有诺必践的为民情怀，代表着苏区人民与红军始终鱼水同心、同甘共苦的革命真情。

大国粮仓

20世纪90年代,美国学者莱斯特·布朗曾提出"谁来养活中国"的疑问。

中华人民共和国成立以来,我国粮食安全的体系不断健全。我国的粮食供求实现了由长期短缺到口粮绝对安全、谷物基本自给的历史性转变,实现了世界上最大发展中国家人民由"吃不饱"到"吃得饱""吃得好"的历史性跨越。

自2000年成立起,中储粮集团始终以维护国家粮食安全为根本职责,服务国家宏观调控大局,切实维护农民利益,积极发挥粮食安全"压舱石"、服务调控"主力军"、调节市场"稳定器"作用。

中储粮集团粮仓

中储粮集团现代化仓储设施（1）

中储粮集团现代化仓储设施（2）

从2003年非典型肺炎疫情、2008年汶川地震，再到2019年新冠肺炎疫情，中储粮集团参与应对10余次重大自然灾害和突发事件，做到关键时刻靠得住、顶得上。

为提升为农服务水平，中储粮集团研发应用"惠三农"预约售粮应用程序，农民可以通过手机网上预约，就近就便售粮，实现了让信息多跑路，农民少排队、快售粮、多增收；在所有政策性收购库点全面应用"一卡通"，使农民从入库登记到粮款结算全过程高效、透明、可追溯，保证售粮农民粮出手、钱到手，有效解决"打白条"问题，让农民卖"明白粮""放心粮""舒心粮"。金灿灿的粮食，变成了农民朋友手中沉甸甸的收入。自2005年以来，其累计收购政策性粮食10亿吨、销售7.7亿吨，执行政策性收购的地区最多时达到24个省区市，带动种粮农民增收数千亿元。

在已建成全球粮食仓储行业最大物联网的基础上，中储粮集团正推动从"智能化粮库"向"智慧中储粮"的迈进。智能代表粮食管理有了"千里眼"和"顺风耳"，智慧则代表还要有"超强大脑"。智能、智慧意味着中储粮集团将充分挖掘蕴含在储粮管理中的大数据的价值，形成对储粮质量变化规律更精准的认识，指导储粮技术升级；挖掘在成千上万笔粮食购销活动中的大数据的价值，形成对市场和客户需求的精准认识，提升市场运作水平。

> 延伸阅读

陈潭秋

陈潭秋（1896—1943年），名澄，字云先，号潭秋，湖北黄冈县（今湖北省黄冈市黄州区）陈策楼人，无产阶级革命家，中国共产党第一次代表大会代表、中国共产党创始人之一。

1920年陈潭秋和董必武、刘伯承等7人创建武汉共产主义小组，组织马克思主义学说研究会。1921年7月，陈潭秋与董必武参加了中共一大，成立了中国共产党。陈潭秋先后出席了中共三大、五大、六大。

1934年1月至2月，陈潭秋出席第二次全国苏维埃代表大会，被选为中华苏维埃共和国临时政府执行委员和中央粮食人民委员部部长。中国工农红军长征时，留任中央苏区分局委员，领导开展游击战争。

1935年8月，陈潭秋与陈云等赴莫斯科参加共产国际第七次代表大会，留驻共产国际工作。1939年回国，陈潭秋任中共中央驻新疆代表和八路军驻新疆办事处负责人。

1943年9月27日，陈潭秋在新疆被国民党反动派杀害，牺牲于天山脚下。陈潭秋同志牺牲的消息一直不为人所知，直到1945年4月，在党的第七次全国代表大会上，陈潭秋还被推选为中央委员。

2009年9月14日，被评为100位为中华人民共和国成立做出突出贡献的英雄模范人物之一。

29
跨越"生命禁区"的对讲机

信物名称
跨越"生命禁区"的对讲机
信物传承者
国投
（全称：国家开发投资集团有限公司）
信物年代
20世纪90年代
信物印迹
见证世界钾盐开发史上的奇迹

新疆罗布泊曾被人们称为"死亡之海"。从卫星云图上看，它还有一个好听的名字——"地球之耳"。

50多年前，新疆罗布泊的最后一滴水蒸发，从此"地球之耳"成了生命禁区。20多年前，罗布泊钾盐第一批创业者来到这个寸草不生、毫无生迹的茫茫戈壁滩。没有向导，没有路标，沙暴中随时都会迷路。一部电台就是他们彼此沟通的工具，也是与外界联系的唯一生命线。

新疆罗布泊雅丹地貌

生命禁区里的矿产

如今的罗布泊有连绵百里的波光粼粼的盐田，有现代化的工厂，开通了铁路专线，俨然一座微缩版的"世外桃源"。

20世纪90年代末，地质工作者在新疆罗布泊发现了世界上最大的硫酸盐型含钾卤水矿床，在大地深处有丰富的钾盐资源可以做钾肥，而钾肥是农作物生长中必不可少的一种肥料。

中国作为农业大国、人口大国，每年70%的钾肥都要靠进口，这种局面长期威胁着国家的粮食安全。罗布泊发现钾矿的重磅消息立刻传遍了世界，但在这个"天上无飞鸟，地上不长草，百里无人区，风吹石头跑"的地方，即便有再多再好的钾矿，又有谁敢来开采呢？

指引方向的电波

1999年9月，李守江和第一批创业者来了。那一年李守江只有33岁，这是他第一次来到罗布泊。尽管已经做好充分的心理准备，但李守江和他的伙

罗布泊硫酸盐型含钾卤水矿床（1）

罗布泊硫酸盐型含钾卤水矿床（2）

罗布泊硫酸盐型含钾卤水矿床（3）

伴们很快就发现，困难比预想的要严重得多。

那时候从哈密过来的供给车辆常常走一天都到不了基地，蔬菜和肉类在路上变质是常事，淡水长期储存也会变味变色。李守江和伙伴们为了节约用水，不洗脸、不洗澡，以耐储存的粉条、土豆为主食。

2000年的一天，李守江和伙伴们运送设备、食品、蔬菜和饮用水从400多千米外的哈密出发前往罗布泊北部，路上遇到了特大的沙尘暴，他们迷路了。茫茫戈壁没有路，茫茫戈壁又都是路，甚至连参照物也没有。在那里，时间是凝固的，方向是不清的，如同行走在月球上。到底该往哪个方向走呢？

罗北基地的工作人员一直在用对讲机联系着哈密基地，一想到当年彭加木、余纯顺在罗布泊失踪的事，大家的心里都直打冷战。他们究竟出发没有？究竟在哪个位置？这些焦虑和担忧都随着电波传到了李守江他们耳中。漫天的沙尘暴中，根本看不清楚周边的情况，但对讲机中不断传来的声音，给了他们安全的信号。最终李守江他们比预计到达的时间晚到了4个多小时。当他们终于到达罗北，大家激动地大喊大叫，眼泪不争气地流出来，心情难以描述。

那时的罗布泊，没有导航，没有公路，在那里的人动不动就迷路，轮胎被盐壳割破更是常事，这样的生命连线故事数不胜数。但正是这部早已退休的对讲机，给古老而神秘的罗布泊带来了新的生机。这里即将建造世界上最大的硫酸钾生产基地。

延续梦想的投资

2004年初，罗钾公司项目扩建的关键时期，资金链突然断裂，就在李守江他们的梦想即将破碎的关键时候，最终国投做出了投资决定。

中国"缺磷少钾"，为了保障国家粮食安全，国投果断决策，投资罗钾，建成了年产120万吨的世界最大单体硫酸钾肥生产基地，让我国钾肥进口的对外依存度，从70%降低到了40%，有力地促进了我国的农业生产，保障了粮食安全。

这是国投服务国家战略，发挥投资导向作用的一个典型案例。

国投集团第一时间为罗钾公司提供了2000万元流动资金，之后又拿出了3.4亿元，投进了罗布泊钾肥项目。从没被困难击倒的李守江，在看到罗布泊腹地重现生机的这一刻，忍不住流下了眼泪。

从"死亡之海"驶出的"钾肥航母"

从帐篷到地窝子再到盐块房，从小试到中试再到工业试验厂建成投产，罗布泊钾盐项目团队只用了不到4年的时间，走完了相当于国外同行15年、国内同行40年的开发历程，创造了世界钾盐开发史上的奇迹。在这片浩瀚荒凉的盐壳地上建设起了一座世界一流的"硫酸钾航母"。

最艰难的时候过去了，有了充足的资金支持，国投罗钾调整了之前的战略规划，由原来的一期40万吨提升为120万吨，为的是尽快生产出更多钾肥，不再让中国农业因为钾肥短缺而受制于人。

2008年11月18日，国投罗钾年产120万吨钾肥项目建成并一次性投料试车成功。这是完全由中国自主研发、自主设计、自主建造、自主生产，具有完全的自主知识产权的项目，创造了"罗钾速度"和"罗钾质量"，标志着我国正式迈入世界硫酸钾生产大国的行列。一艘"钾肥航母"从"死亡之海"驶出，实现了中国制造和中国引领。2013年"罗布泊盐湖120万吨/年硫酸钾成套技术开发"获国家科技进步奖一等奖。

国投集团是一家为国家发展而投资的公司，是服从和服务于国家战略的企业。

国投罗钾水采机

国投罗钾公司钾肥产品

26年前，国投的开创者们在人民大会堂郑重宣布，国家开发投资公司成立。从那一刻起，就标志着我国投融资体制改革进入了一个新的历史时期，也标志着国有投资控股公司开始了新的纪元。

20多年前，一部对讲机伴随着国投人走进了罗布泊。

20多年后，这部对讲机来到了首都北京，它是国投坚持"服务国家战略"的缩影。

国投集团在1995年成立后，从小到大，从弱到强，资产规模从成立之初的70亿元到现在的7000亿元，增长了100倍，连续16年成为业绩考核A级企业，走出了一条中国特色国有资本投资公司发展之路。

国投聚焦基础产业、金融服务业和战略性新兴产业，发挥投资公司产业引领和结构调整的独特作用。从死亡之海的钾肥投资到四川雅砻江流域的电力开发，从渤海之滨的北疆电厂海水淡化到大理洱海的水域治理，国投通过基金投资和直接投资的方式，投资了一批新材料、新基建、生物医药、先进制造、养老健康等关系国计民生的重点项目。

新时代、新国投，国投将以投资创造更加美好的未来。

延伸阅读

罗布泊

罗布泊位于中国新疆塔里木盆地东部，中国最大沙漠塔克拉玛干沙漠的最东缘，是世界上著名的干旱中心，海拔大约780米，由于形状宛如人耳，被誉为"地球之耳"。

古罗布泊诞生于第三纪末、第四纪初，距今已有1800万年，面积约1万平方千米，在新构造运动的影响下，湖盆地自南向北倾斜抬升，被分割成几块洼地。

公元330年以前，罗布泊湖水较多，西北侧的楼兰城为著名的"丝绸之路"的咽喉。在20世纪中后期之后因塔里木河流量减少、气候变迁和人类水利工程的影响，罗布泊来水减少，周围沙漠化严重，湖面积迅速减小，直至20世纪70年代末完全干涸，现仅为大片盐壳。

罗布泊盐湖是我国继察尔汗盐湖之后迄今为止发现的超大型硫酸盐型含钾卤水矿床，孔隙度资源量为2.5亿吨以上，是中国为数不多的超大型钾盐矿。

30

周恩来总理的亲笔信

信物名称
一封信
信物传承者
中国银行
（全称：中国银行股份有限公司）
信物年代
1955年
信物印迹
周恩来总理写给中国银行香港分行经理
郑铁如的信件

中华人民共和国成立初期的香港，依然危机四伏。中国银行大楼顶端的走廊里，刺目的阳光从高高的琉璃窗射进来，照亮了他手中的信。他小声地读了起来。

这是一封周恩来总理的亲笔信，收信人是中国银行香港分行经理郑铁如。在中华人民共和国成立前后的数年里，周恩来总理曾多次联络和关心过郑铁如。

一个日理万机的大国总理为什么要给一个银行经理写这封信呢？

一定要建中国人自己的外汇银行

1910—1920年间，中国金融业尚处在萌芽阶段，成熟发达的外国银行在中国享有种种金融特权，并完全掌控国际贸易和汇兑业务。这一境况让当时正在北京大学任教又熟谙外汇业务的郑铁如感到痛心疾首。

1922年，郑铁如毅然放弃教授职务，入职中国银行汕头支行，立志专心做外汇、大力发展民族外汇银行。这位"弃文从商"的金融高手总是能将金融同国际政治局势结合起来观察分析，善于从复杂的政治风云变幻中，觉察外汇市场的动向。

然而当时的中国，内忧外患，随着1931年抗日战争爆发，郑铁如积极投身到爱国运动中。1932年，"一·二八"淞沪抗战爆发，他在香港筹集

1951年位于香港德辅道中2A号的中国银行大厦外观

30 周恩来总理的亲笔信

大量资金物资声援十九路军抗日。1941年"三三"事变后,他又在香港大力推销爱国公债支持全民抗日。1941年,在宋庆龄组织的"一碗饭"运动中,郑铁如专门腾出家中一个房间用来存放募捐给八路军用来制衣的布匹、棉花和成衣。在太平洋战争爆发前夕,为了最大限度地保护中国银行香港分行的资产,郑铁如将全部资金转存英美银行,以无现款支付存款为由应付日军。香港沦陷后,日军以他的抗日爱国行为为"罪证"对他进行拘捕,并威逼利诱他出任伪职,郑铁如严词拒绝,毫不屈从。

铁骨铮铮,保护资产

1949年,随着三大战役的结束,腐败的国民党政权大厦将倾,全中国即将迎来解放。困兽犹斗的国民党反动派一面继续负隅顽抗,另一面加紧将重要机构和物资掠夺性撤退到台湾。

时任中国银行香港分行经理的郑铁如,也被国民党反动派盯上了。此时的郑铁如已为中国银行香港分行积累下大笔财富,在香港金融系统各行局中实力最为雄厚。蒋介石亲自主持会议,派出以俞鸿钧为首的代表团秘密到港。俞鸿钧知道中国银行香港分行有6000多万港元,多次出动特务进行各种威逼利诱,要郑铁如带着资产去台湾。

但是,郑铁如假装生病需要住院,拒不见客。

在这黎明前的最后黑暗里,郑铁如如履薄冰。他晚上住在银行大厦顶楼的一间小卧室里,白天下楼就能上班。除了家人谁都不能进入他的卧室,也没有几个人知道他的这间小卧室。

其实,郑铁如早就冒着生命危险做出了周密安排。他悄悄将一部分资金用于购买地皮、建材和设备,筹建中国银行大厦,连出租给客户的保险箱都以现金办妥订货手续;其余大部分资金贷放给香港纺织工业和其他工厂。这些措施都是为了防止当时台湾当局的劫夺。直到资金全部成功转移完,他才长吁一口气,说"好了"!

1950年1月11日,郑铁如通电全国,中国银行香港分行起义,率先接受中国银行总管理处的领导!一石激起千层浪,缅甸、印度、新加坡、巴基斯坦、印度尼西亚、马来西亚等国家的中国银行分支机构也陆续响应,回到人民怀抱。在中国银行的带动下,1月18日,国民党在香港的金融系统六行二局(交通银行、中国农民银行、福建省银行、广东省银行、广西省银行和中央信托局、邮政储金汇业局)发表《起义通电》,声明保护财产,听候中华人民共和国人民政府接管。香港十几家中资银行纷纷效法。

中国银行从此彻底摆脱了旧官僚资本的束缚,获得了新生,得到了党和政府的大力支持。

1950年1月,中国银行总管理处委派郑铁如为香港分行经理

中国银行香港分行起义后,由于当时的特殊国际形势,它成为中华人民共和国对外交流的重要金融窗口,也成为败退到台湾岛的国民党反动派的眼中钉、肉中刺。

潜伏在香港的国民党反动派从未停止捣乱破坏。周恩来总理得到了香港"蒋匪特务"阴谋破坏中国银行的消息,在1955年12月16日写信给时任中国银行香港分行经理的郑铁如。周恩来总理在信中写道:"我对港行业务的前途和国家财产的安全,一向关切,听到这个消息后,更望能和你共商巩固行务和保护国家财产的办法。"

这便是开篇提到的那一幕。

不负重托，继往开来

党中央的深切关怀，为郑铁如开展工作提供了坚强后盾。中国银行筹组董事会时，郑铁如被选为13位公股董事之一。郑铁如亦没有辜负党的期望，不断为中华人民共和国成立初期的金融及外汇政策积极建言献策。

以中国银行香港分行为代表的香港金融机构由人民政府接管后，充分发挥海外机构与海外业务的优势，成为中国应对资本主义世界贸易的重要枢纽和吸收侨汇的桥梁，其业务量占当时全国总额的80%～90%。中国银行对中国冲破封锁禁运，吸收存款，支持内地建设发挥了独特的重要的作用。

如今的中国银行，其境外机构覆盖61个国家和地区，已是高度全球化和综合化的银行，已经成为我国经济建设的金融重器。

2001年5月，位于北京复兴门内大街1号的中国银行大厦落成

> 延伸阅读

郑铁如

郑铁如，字寿仁，生于1888年，广东潮阳人。辛亥革命前就读苏州东吴大学，辛亥革命爆发后，毅然辍学，参加沈定一组织的学生军。

1912—1917年，留学美国，先后在俄亥俄州立大学和宾夕法尼亚大学攻读银行学、货币、会计和国际汇兑专业。

1918—1922年，任北京大学经济系讲师、教授。五四运动时，郑铁如与马叙伦、马寅初等3人被推举为北京大学教职员代表，与段祺瑞政府进行过交涉谈判。

1922—1927年7月，郑铁如基于发展民族外汇银行的意愿，主动放弃北京大学教授职位到中国银行工作，先后任汕头支行行长、汉口分行副行长。

1927年7月起，任中国银行香港分行行长（后改称经理）。抗日战争时期，郑铁如在香港筹集大量资金、物资声援抗日，为保卫祖国和为八路军筹集捐款尽心竭力。

1941年12月，他遭日军拘捕，与梅兰芳等爱国人士被关押于告罗士打酒店达两个月之久。

1949年6月，中国银行总管理处在上海正式组建。1950年1月7日，中国银行总管理处重新委派郑铁如为中国银行香港分行经理。1962年，郑铁如被增选为中国银行常务董事。1965年12月退休后，郑铁如任中国银行董事会常务董事、中国保险公司董事会董事、华侨事务委员会委员、广东省人民代表大会代表，第一、第二、第三届全国人民代表大会代表等职。

1973年5月18日，郑铁如在香港逝世，终年86岁。周恩来总理发来唁电，对郑铁如为国为民的贡献做出高度评价，中共中央特派专机将其骨灰护送至北京八宝山革命公墓安葬。

31
5分钱上的"海辽"轮

信物名称

5分钱上的"海辽"轮

信物传承者

招商局集团

（全称：招商局集团有限公司）

信物年代

1955年

信物印迹

第一艘升起五星红旗的海轮

为什么拥有着近150年历史、资产超过10万亿元的招商局集团，竟拿出一张画着一艘海轮的5分钱纸币来作为它的百年信物？原来，5分钱纸币上的这艘海轮竟有着一段关乎信仰、充满热血的伟大航程。

愤然起义

"海辽"轮必须起义！坐在"海辽"轮高级船员休息室里的船长方枕流紧皱眉头，怒火中烧。

这是1949年4月的一天，国民政府招商局的高级船员休息室里贴出了一张由京沪杭警备司令汤恩伯颁发的布告。布告宣布从即日起征用招商局的船舶抢运物资、调动军队，并规定船员不得擅自离船，违者将军法论处。也就是说，由国民党管控的上海招商局的"海辽"轮也在应征之列。

看到这张布告的方枕流紧皱眉头、思绪万千，这命令无疑意味着国民党反动派打定主意把内战进行到底。他按捺不住内心的愤怒，再也坐不住了，决定起义。

夜里，伴随着秒针清脆而令人焦虑的声音，方枕流的脑

建于1901年的上海外滩九号招商局旧址

"海辽"轮船长方枕流与船员合影
（第一排中间为方枕流）

31 5分钱上的"海辽"轮　189

海中全是关于"海辽"轮起义的种种方案。

几个月前选择起义的重庆号,虽然全副武装,却仍在航行过程中惨遭国民党飞机轰炸,最终选择自沉。此次,面对暗流涌动、危机四伏的局势,"海辽"轮手无寸铁、赤手空拳,如若径直驶向茫茫大海并非易事,想要杀出重围更是难上加难。

为确保万无一失,方枕流与船员们开始制订周密的航行计划,无论如何也要到达彼岸。

坚定前行

1949年9月19日夜里,平静的香港维多利亚港在月光的照耀下安静如常。

按照方枕流的计划,"海辽"轮收起船锚,发动机在夜幕中悄悄地转动了起来。就这样,"海辽"轮在没有通知港务局的情况下驶离了维多利亚港。而陪伴"海辽"轮驶向茫茫大海的,只有身边的海鸟和游鱼。

在月光的映衬下,"海辽"轮安静地行驶着,倒影平稳而坚定。

突然,一盏信号灯打破了深夜的沉寂。

正当"海辽"轮驶经鲤鱼门航道出口时,信号台突然闪烁起盘查的灯语,询问"海辽"轮开往何处,这让船员们的心一下子紧张了起来。

按照惯例,船只在遇到信号台的灯语询问时,需要答复自己的船名和去向,此时如果稍有差错,船只将被立即扣留。早已做好应急预案的方枕流丝毫没有慌乱,他径直走上船台,一边故意用手电筒代替信号灯,向对面发出含混的灯语与信号台周旋,另一边则命令轮船开足马力继续向前进发。就在信号台人员看着方枕流传来的信号感到一头雾水的时候,"海辽"轮已经驶出鲤鱼门,驶向了更远的大海。

虽然鲤鱼门成功脱险,但是方枕流明白,"海辽"轮的这一路,不仅仅有鲤鱼门这一关,如何渡过国民党重兵把守的台湾海峡才是起义成功的关键。

"转舵113度!从菲律宾的巴林塘海峡掉头北上!"

伟大的航海家必定是心中有海图，风浪里有方向。方枕流在"海辽"轮接近台湾海峡时果断发出命令，一把强有力的转舵，"海辽"轮又继续全速航行。这样一来，就可以彻底避开台湾海峡，让手无寸铁的"海辽"轮平安渡过危险地带。

为成大事，每一步都需要周密的计划。根据先前的筹划，"离家出走的'海辽'轮"报务员这几日在国民党政府那里扮演着苦情戏，连续几日发出"海辽"轮行驶途中遭遇故障的电报，借此打消岸上的顾虑，为"海辽"轮争取宝贵的航行时间。当国民党政府发现不对劲儿派出飞机追赶时，"海辽"轮已经要到达心中的彼岸了。

到达彼岸

1949年10月1日下午2时57分，此刻，距离中华人民共和国开国大典还有3分钟。

"同志们，升起五星红旗！"

一面鲜艳的五星红旗在"海辽"轮的桅杆上冉冉升起，"海辽"轮全体船员在方枕流的带领下举行了属于他们的第一次升国旗仪式。也正是这一刻，"海辽"轮成为中华人民共和国第一艘升起五星红旗的海轮。

下午3时整，"海辽"轮全体船员围坐在收音机旁，终于等来了令人感动的声音："中华人民共和国中央人民政府今天成立了。"全体船员在甲板上欢呼雀跃，热泪在海风的吹拂下飘落在陪伴他们一路的波涛里，永远融入了这片祖国的海域上。

1949年10月24日，毛泽东主席以电报祝贺、嘉勉方枕流船长和全体船员——"庆祝你们在海上起义，并将'海辽'轮驶达东北港口的成功。你们为着人民国家的利益，团结一致，战胜困难，脱离反动派而站在人民一边。"

"海辽"轮的抉择，影响了香港招商局和中华人民共和国航运史的走向。在"海辽"轮首举义旗的带动下，香港招商局及13艘海轮相继起义，回归中华人民共和国。1950年1月15日清晨，香港招商局以及其所属的"海康""海汉"等13艘轮船的甲板上，举行了庄严的升旗仪式，13面五星红旗迎风招展，13支汽笛齐声轰鸣。这一举动，震惊了香港，也震惊了世界。

为纪念"海辽"轮的起义壮举，它被印在了1955年中华人民共和国发行的第二套人民币5分钱纸币上，以示让人们永久地纪念这场惊心动魄、弃暗投明的起义。

"海辽"轮起义后在海上升起五星红旗

"新海辽"轮

延伸阅读

第二套人民币

由于中华人民共和国成立前连续多年的通货膨胀遗留的影响没有完全消除,第一套人民币的面额较大(最大为5万元),而且单位价值较低,在流通和计算时以万元为单位,不利于商品流通和经济发展,给人民生活带来很大的不便。另外,由于受当时物质条件和技术条件的限制,第一套人民币的纸张质量较差,券别种类繁多(62种),文字说明单一,票面破损较严重。

为改善这些不足,提高印制质量,进一步健全中国货币制度,1955年2月21日,国务院发布命令,决定由中国人民银行自1955年3月1日起发行第二套人民币,收回第一套人民币。

第二套人民币包括11种不同面值的纸币,分别为:1分、2分、5分、1角、2角、5角、1元、2元、3元、5元、10元。其中,5分纸币上印制的图案为"海辽"轮。

第二套人民币于1999年1月1日停止流通。

32

暗藏万金的马甲

信物名称

马甲

信物传承者

华润集团

[全称：华润（集团）有限公司]

信物年代

1942年

信物印迹

暗藏经费，穿越战火

这只是一件不起眼的马甲。为了这件马甲口袋里的东西，他被迫与妻儿失散多年，毅然踏上了孤独的护送旅途。他把自己化成难民、乞丐、僧侣，一路乞讨、化缘，从香港走到了重庆。6个月的时光，八千里山川，是什么让他如此执着，又是什么让他在颠沛流离中如此坚定？

暗藏巨资的马甲

1942年10月，深秋的重庆在因日军轰炸而破坏的断壁残垣里有着几分萧瑟，一个衣衫褴褛的男人借着沉沉夜色，悄悄走进了重庆曾家岩50号周公馆。

在微弱灯光的映衬下，这个衣衫褴褛的男人的眼神既充满激动又无限疲惫。他小心翼翼地脱下残破的外套，露出了一件并不起眼的马甲。谁又能想到，这是一件特制的马甲。他在马甲暗藏的口袋里，拿出了一卷又一卷巨额钞票。

为了信仰，痛别妻儿

故事倒退回一年前。

1941年12月7日，日本偷袭珍珠港，太平洋战争爆发。次日清晨7时20分，48架日军轰炸机组成编队猛烈轰炸香港。12月25日，香港总督杨慕琦向日军投降，香港沦陷。那时，作为中国共产党在香港成立的贸易机构——华润的前身"联和行"，一直在为苏区和抗日前线提供包括电台、药品及医疗器械等紧急物资。随着香港的沦陷，国内战场形势发生了很大的变化，给隐蔽工作带来很大的挑战，联和行也失去了与上级组织的一切联系。

时任联和行负责人的杨廉安此时犯了难，一边是联和行暂存着大量资金无处安放，另一边是他深爱的一家妻儿老小在战火中生命安全受到威胁。作为联和行的负责人，杨廉安身负重任，必须保证资金安全，但是作为一个丈夫、一位父亲，又怎能置妻儿于战火之中不顾？

两根金条

有什么样的信仰,就有什么样的选择;有什么样的信念,就有什么样的方向。

经过一番又一番的心理斗争,杨廉安做出了艰难的选择:让妻子王静雅挑着两个箩筐,一头装着不满一岁的儿子,一头装着仅有的家当,带着年迈失明的小脚婆婆,领着一家七口和难民们一起逃离香港。可谁知,这一别,竟是多年。

看着奔赴安全地带的妻儿老小的身影,孤身一人的杨廉安暂时安了心。他强忍着心中的牵挂和不舍,回到了联和行的小阁楼里,为资金的转移潜心计划着。他亲手缝制了一件满是小口袋的马甲,把联和行的资金和党的经费都卷成小卷,塞进一个个小口袋里,再把它穿在身上,外面再套上厚厚的衣物用以遮盖。

就这样,杨廉安踏上了八千里路的第一步。

联和行成立初期办公的写字楼——香港中环毕打街毕打行

这注定是一场孤独的流亡，没有伙伴，没有可供与组织联系的电台，已经逃离香港的妻儿也是音讯全无。与杨廉安相伴的，只有这件沉甸甸的马甲。为了逃过封锁区，杨廉安脱下了平日的西装，以难民的装束融进了徒步向西的逃难人群中。同样在流亡的妻儿此时早已远隔千山万水，他们不会想到，平日里衣着体面、运筹帷幄的丈夫、父亲，即将踏上一段凶险且颠沛的旅程。

毅然北上，6个月穿越八千里

在流亡的6个月里，杨廉安守护着马甲穿过了日军侵占的广州，穿过了战火硝烟中的南宁，穿过了紧张备战的桂林，穿过了山路蜿蜒的整个贵州……一百多个日夜里，他跨过珠江、西江、长江，翻越南岭、武陵山、大娄山，从初春走到深秋。

杨廉安一路乔装成难民、乞丐、僧侣，不停变换着身份，一路乞讨、化缘，吃着残羹剩饭……终于，在一个深秋的夜晚，杨廉安走到了重庆，找到了当时中共南方局负责人，也就是曾鼓励他去香港创办联和行的周恩来。

"志之所趋，无远弗届，穷山距海，不能限也。志之所向，无坚不入，锐兵精甲，不能御也。"有伟大的信仰、坚定的信念、必胜的信心，再坚固的阻碍也能突破，再遥远的地方也能到达。在曾家岩50号周公馆，杨廉安将马甲里的巨额资金分文不少地交到了周恩来的手里。

不久，联和行的这笔巨额资金就被转送到了延安。在敌人的严密封锁下，资金的及时到来，为抗日组织带来了极大鼓舞。正当所有人以为杨廉安会停留休整的时候，放下资金的他却匆匆转身，再一次走进了纷飞的战火。

联和行创始人杨廉安

延伸阅读

联和行

1938年，全面抗战进入了艰难的第二年。党中央决定派遣延安中央党校的教员秦邦礼去香港创立一家贸易机构，这就是华润的前身——联和行。同年春夏之交，秦邦礼化名为杨廉安，在香港中环开设了一间不起眼的贸易商号，主要任务是配合宋庆龄领导的"保卫中国同盟"，接收、保管和运送捐赠给抗日前线的经费和物资。联和行成为战时重要的交通中转站，有力支援了中国共产党的抗日活动。

抗战胜利后，杨廉安重回香港开办"联和进出口公司"，着力打通香港与东北解放区的海上贸易通道，为解放区采购和输送大量战备物资。从三大战役、渡江作战直至解放广州、海南，联和进出口公司都做出了突出贡献。

1948年12月18日，联和进出口公司重组更名为"华润公司"。

联和进出口公司早期订货单

33

"的确良"衬衣

信物名称
"的确良"衬衣
信物传承者
中国化学
（全称：中国化学工程集团有限公司）
信物年代
1979年
信物印迹
一个时代的服装记忆

1971年8月中旬，毛泽东主席乘坐专列从北京出发，到南方各省进行视察。专列途经上海，稍做休息。到了开车时间，专列的乘务员们一路小跑赶回车上。看到这些年轻人气喘吁吁的样子，主席随口问道："干什么去了？"乘务员们报告主席，他们利用休息时间去购买"的确良"衣服了，因为这种衣服只有上海才买得到。听到年轻人大谈"的确良"的好处，主席表情凝重、沉默不语……

引领潮流的衬衣

中国化学保存的信物是一件普通的衬衣，可是在40多年前，要买这么一件衣服，价格可不便宜，因为它属于进口货。

中国曾经流行一句话——"新三年，旧三年，缝缝补补又三年"，这是对棉布衣服的形容，而这件衬衣的材质是涤纶。涤纶又叫"的确良"，它是一种合成化学纤维。和传统棉布相比，"的确良"面料耐穿、挺拔、免烫不起褶皱，还能染成各种颜色，因而迅速在全世界走红，也让中国街道的风景线从单调的黑色和灰色变成了靓丽的五颜六色。当时，人们就是攒钱也要买"的确良"，能穿上"的确良"，那可是相当时髦的事情。

远渡重洋的技术装备

第一批"的确良"的原材料生产设备就是中国化学负责安装和调试的。

1971年9月，毛泽东主席南方视察结束回到北京，对周恩来总理说："我听娃娃们讲，为了买'的确良'衣服排了半天队，太难喽，可以多搞点嘛！"周恩来总理回答："'的确良'的原料是进口的，我们已经开始试制腈纶短纤维设备，还需要时间。"毛泽东主席说："先从国外买一个行不行？"周恩来总理说："买一个进口厂当然好。"

1972年1月23日，一份《关于进口成套化纤、化肥技术设备的报告》送到了中南海毛泽东主席和周恩来总理的案头。国家计委向国务院建议在

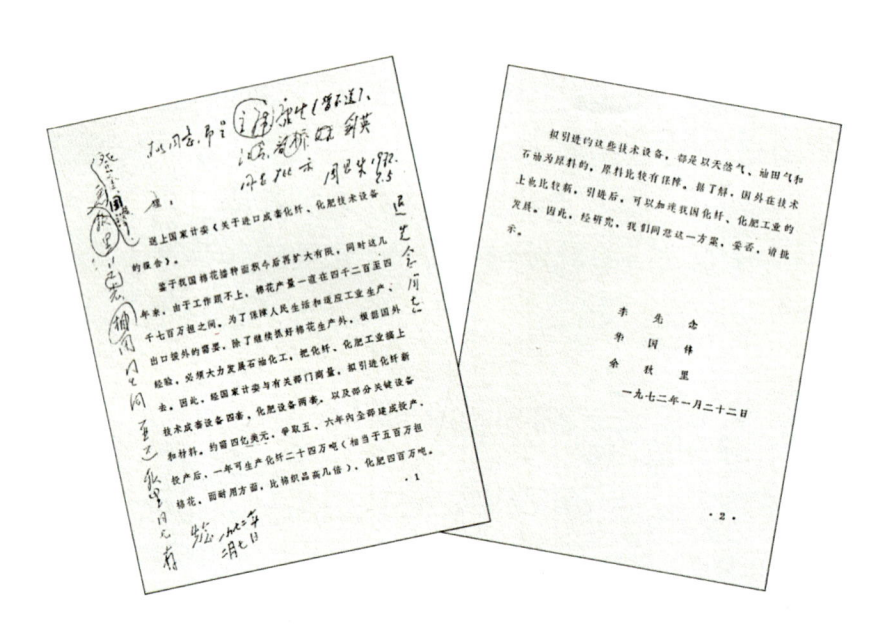

1972年，《关于进口成套化纤、化肥技术装备的报告》
毛泽东主席圈阅、周恩来总理批示文件照片

3～5年内，引进价值43亿美元的工艺技术及成套设备。这是中国继苏联援建"156项工程"之后，相隔20年，第二次大规模引进国外技术。

时任化工部第一设计院技术员的董振纲说："前期比较困难，我们找了不止一家。几家进行比较之后，在技术算先进的、价格算合理的情况下，咱们才能接收。"

辽阳石油化纤总厂

经过长时间谈判，中国分别从美国、联邦德国、法国、日本、荷兰、瑞士、意大利等西方国家引进了26项成套技术装备，加上一些配套项目，这次引进的资金达到了51.4亿美元，其中有22项属于石化项目。有了这些设备，我国分别建立了上海石化总厂、辽阳石油化纤总厂、天津石油化纤厂和四川维尼纶厂。

投身化工建设的工人们

1975年，生产设备通过海运陆续抵达中国各大港口。虽然技术和设备是进口的，但是需要中国自己的设计院设计和工人施工安装，这个重任就落在了中国化学的前身——石油化学工业部基建局的肩上。

1976年10月1日，石油化学工业部基建局选派第九石油化工建设公司负责辽阳石油化纤总厂的设备管线安装。职工们"舍小家顾大家"，连续几个月奋战在工地上。虽然吃着白菜、玉米面，啃着窝窝头，睡着硬板床的大通铺，但每个工人都全身心投身到国家化工建设中来。

这份工作不仅艰苦，还伴随着不时发生的险情，但为了国家化工建设的发展与进步，工人们排除万难，初心不改。时任石油化学工业部第九石油化工建设公司钳工安装员的马殿奎描述："吊车起吊后，吊车抖动锋利的吊装设备像剪子似的，把我的手指割伤了。我到附近医院处理完伤口，不容片刻休息，便立即返回施工现场。因为钳工是主力，大量工作需要我安排完成。"

在那个年代，艰苦奋斗是主旋律。参与辽阳石油化纤总厂建设的每一名职工都把国家和人民的利益放在第一位，从不计较个人得失。"把毛泽东主席圈阅的工程建设好"的拼搏精神，在他们心中扎根发芽。他们热情高涨，每个人身上都有使不完的劲儿，一心想要给国家和人民交出一份满意的答卷，打一场漂亮的胜仗。但是由于进口材料不配套，或者因为缺少零配件、零配件运输时间长等，施工进度受到了很大影响。

由于施工机械化程度低，大部分工作只能靠工人们肩扛手抬。夏天，装配工人们衣服都可以拧出水来；冬天，手上全是冻疮。可是他们从不叫苦喊累。在设备安装中，中国技术人员必须按照外国设计出来的图纸进行施工。所有图纸都是外文，虽然投入了大量人员进行翻译，但是由于时间紧、任务

辽阳石油化纤总厂建设场景（1）

辽阳石油化纤总厂建设场景（2）

重,有些图纸还没翻译就需要拿到前线给施工人员。工人们只能边查资料边安装。

安装每个零配件,都需要经过4道质检,分别是工人自检、组长检查、项目负责人把关、外国专家最后验收。每道质检都需要签字确认,必须按照图纸的要求保质保量完成。焊接是安装化工设备最核心的环节,对温度和电流有很高的要求。辽阳石油化纤总厂的建设中,法国技术人员还专门针对中国焊接人员组织为期15天的技术培训,经考试合格了才能持证上岗。

工人们克服各种困难,经过两年多的努力,终于在1979年完成了建设任务,辽阳石油化纤总厂经过验收全部合格,生产出了我国第一批"的确良"原料。从此,中国告别了"的确良"面料依赖进口的历史,棉布也不再是老百姓服装面料的唯一选择。

中国化学工业的革命

中国化学为构筑中华人民共和国工业体系打下了坚定基础,为解决人民群众穿衣吃饭问题做出了重要贡献。建设"的确良"原料生产线,在一定程度上解决了国人穿衣难的问题。

早在中华人民共和国成立之初,中国化学就承建了苏联援建"156项工程"中的全部化工项目,还自主研发、制造和安装氮肥生产设备,建设了一大批氮肥厂,实现了农业增产,保障了国家的粮食安全。

在68年的发展历程中,中国化学承建了我国90%的化工项目、70%的石油化工项目、30%的炼油项目。1982年建设的江西氨厂改尿素工程,是中国首个采用设计、采购、施工EPC总承包模式实施的项目,大大缩短了工期。1986年建设的四川化工厂,是中国第一套大型合成氨国产化装置,自此中国人有了自主技术生产的化肥。1992年建设的新疆独山子乙烯工程,入选中华人民共和国成立60周年百项经典暨精品工程,解决了人民对塑料制品及合成纤维日益增长的需求。中国化学自主研发的"己内酰胺"和"己二腈"等工艺技术,已经走在了全世界化工行业的前列,它们的诞生不仅打破了国际高端技术的垄断，也填补了国内技术和产业的空白。

从20世纪80年代开始，中国化学走出国门，参与了很多境外项目的建设。1984年建设的孟加拉国吉大港化肥厂工程，是中国企业首次以国际通行工程承包方式建设的境外项目。1993年建设的印度尼西亚托拉萨2×2.5万千瓦电站，是中国第一个境外成套设备出口买方信贷项目。2019年，在中俄两国元首的见证下，中国化学工程集团有限公司与俄罗斯纳霍德卡化肥公司签订了全球单系列装置最大甲醇项目实施协议；同年，承揽的俄罗斯波罗的海化工综合体（BCC）项目是目前全球石化领域单个合同额最大的项目，也是目前中国企业"走出去"签订合同额最大的项目。截至目前，中国化学境外业务占比近40%，在全球60多个国家和地区完成工程项目7万多个，在全球油气行业工程建设公司中排名第二位。中国化学始终不忘初心、牢记使命，一路奋勇争先。

中国化学工程集团有限公司与中华人民共和国一同成长、壮大，近年来驶入了高质量发展的快车道，正在致力于成为研发、投资、建造、运营一体化的具有全球竞争力的世界一流工程公司，用优秀的产品和服务，让世界更加绚丽，让生活更加美好！

1984年建成的孟加拉国吉大港化肥厂

延伸阅读

"的确良"

"的确良"是聚酯纤维商业名DACRON的粤语音译，化学成分为聚对苯二甲酸乙二酯，它是涤纶的纺织物，有纯纺的，也有与棉、毛混纺的，通常用来制作衬衫。

"的确良"面料在20世纪70—80年代非常流行。"的确良"纤维强度很大，制作的衣物耐磨平整、不易霉蛀、容易清洗、快干免烫、色牢度好。尤其是可以印染出的鲜亮颜色，对熟悉了粗布粗衣或者是洋布洋衫的单一灰暗颜色的国人来说，是巨大的视觉冲击。

但是，"的确良"面料也存在着透气性差、不宜高温洗烫、纤维易老化等缺点，夏天穿着闷热，冬天易起静电，几乎不能贴身穿着。因此，"的确良"大概流行了10年有余，便逐渐风光不再。一方面，与棉麻织物相比，"的确良"的缺点被越来越多的人认识到；另一方面，随着纺织技术的不断发展，各种层出不穷的混纺面料，不仅可以提供良好的穿着体验，而且依然物美价廉。

虽然"的确良"退出了历史舞台，但"的确良"就像一面镜子，照出了时代的变迁，照出了社会的进步。

34
中国自主研制的第一块汽车防弹玻璃

信物名称

防弹玻璃

信物传承者

中国建材

（全称：中国建材集团有限公司）

信物年代

1968年

信物印迹

中国自主研制的第一块汽车防弹玻璃

中国自主研发生产的第一块汽车防弹玻璃诞生于1968年，重量超过169千克，厚度达到了7.5厘米，相当于现在普通汽车玻璃的10倍，由普通玻璃叠加4层黏合而成。

如此厚重的防弹玻璃用在什么汽车上呢？它的背后究竟隐藏着怎样的传奇故事呢？

在一个寂静的早晨，中南海警卫连的一个小型车队鱼贯开进了北京西山，没过多久传来了3声清脆的枪声，他们执行的是一次秘密任务。

北京西山的三声枪响

中华人民共和国成立后，外交活动逐渐增多，在外事活动中保证外宾的人身安全是国际交往的基本规则和礼仪要求。1966年的一天，陈毅同志坐着刚刚生产出来的国产红旗轿车去向毛泽东主席汇报工作。毛泽东主席看见崭新的国产轿车非常高兴，随后说道："我们接待外宾礼宾车还是人家斯大林送的防弹轿车，什么时候我们自己也能生产呢？"

于是，公安部和北京市立即会同有关方面成立了专案组专门研制防弹汽车，其中防弹玻璃技术能否突破就是项目成败的关键。

研制防弹玻璃的玻璃陶瓷研究院（后来和其他单位组成中国建材）航空玻璃试制车间位于北京东郊，远离城市中心。这次需要烧制的玻璃明显比以往任何时候都要大、都要厚。炼制玻璃的坩埚每天要持续不断地加热，以

1958年10月，仿制成功中国第一块航空防弹玻璃的玻璃陶瓷研究院的研究人员

保证玻璃液的质量。经过烧制、磨平抛光、玻璃热弯、酸处理，最后一道工序是4片夹层，加温加压十多个小时后，从高温高压釜里慢慢吐出来一块坚硬透明的防弹玻璃。

一份历史文件记载了当时检测防弹玻璃性能的场景：夹层室主任徐增祚、军代表朱士良，夹层组组长宋武山、组员郭英仕带着4号车窗样品，随中南海警卫连战士们一起来到了西山靶场。在100米外，警卫连战士用当年常规枪械中最厉害的7.62毫米穿甲弹，对着防弹玻璃的同一个位置连开了3枪。

曾参与检测的测试组组员郭英仕回忆说："当时第一枪打在这个玻璃上，第一层是25毫米，这个玻璃打成了裂口，弹头就掉落地上了。在打第二枪的时候，正好在原第一枪的弹位上栽住了，就没有掉下来。等打第三枪的时候，把第二枪的弹头往前推入了，但它推出去大概只有三分之一，没穿透玻璃。"

玻璃没有打穿！

这标志着国产汽车防弹玻璃的试制成功了。

不懈奋斗的中国建材人，又瞄准了一个新的目标：浮法玻璃技术。这是20世纪60年代世界上最先进的玻璃生产技术。

自主研发的浮法玻璃技术

20世纪50年代末，英国皮尔金顿玻璃公司向世界宣告平板玻璃的浮法成型工艺研制成功，这是对原来的有槽垂直引上成型工艺的一次革命。一时间，浮法热潮席卷世界，许多国家不惜斥巨资争购皮尔金顿玻璃公司的浮法玻璃技术专利，但皮尔金顿玻璃公司却对中国搞起了技术封锁。

1964年，中国专家组来到这项技术的发明地英国，商谈引进事宜。但英方根本不让专家组接触到任何技术细节，甚至有的英方人员傲慢地说："现在与红色中国谈浮法技术为时尚早。"专家组深受打击，一团"火"在大家心中燃烧：我们要自主创新，拥有自己的浮法玻璃技术！

20世纪80年代，洛玻浮法一线冷端生产现场

西方的技术封锁让专家们意识到，中国浮法玻璃的研制、生产必须走自力更生、自主创新之路。

1971年5月，浮法玻璃工业试验在河南洛阳玻璃厂（下文简称"洛玻"，洛玻后来和其他单位组成中国建材）进行。全国玻璃专家云集于此，千余名洛玻职工积极参战。但由于没有任何可资借鉴的资料，试验生产一波三折。

没有设计室，建筑材料工业部的专家和洛玻的广大科技人员等就在锅炉房里搞设计，

"洛阳浮法玻璃工艺"发明证书

34 中国自主研制的第一块汽车防弹玻璃 211

信物百年：红色财经（上卷）

1991年9月20日，国家邮电部为洛玻发行的"社会主义建设成就"（第四组）特种邮票一枚

画出草图就施工。没有大型车床设备，洛玻的钳工们就用小炉匠补锅的办法，把原压延线的退火窑割下来，现场加工25米的小锡槽。当时在生产工艺上遇到的一个重要难题是：高温玻璃水通过锡槽时容易凝结，造成玻璃厚薄不均。有时玻璃水在锡槽里乱溅，工人们身上到处是伤。技术人员经过长期思考，在锡槽上部设计了电加热设备，玻璃水通过锡槽容易凝结的问题解决了。接着，他们自行研制了玻璃拉边机，精心设计速度、角度、压入深度，并将部分成型工艺做了修改，玻璃越拉越

洛玻龙昊玻璃600吨现代化生产线冷端自动化采装生产现场

宽、越拉越平，质量越来越高。

终于，在1971年9月23日这一天，洛玻第一条浮法玻璃生产线建成，成功生产出了优质浮法玻璃。其机械强度、平整度、透光度均优于其他平板玻璃。"洛阳浮法玻璃工艺"的诞生，圆了中国人的浮法梦。

直到今天，遍布全国的289条浮法玻璃生产线，绝大多数还是采用的这个工艺。"洛阳浮法"也成为中国民族玻璃工业自主创新的一面旗帜。

继往开来的玻璃工艺

今天，中国建材不光可以生产能够抵挡子弹的玻璃，更可以生产装疫苗的小药瓶。这小小的疫苗瓶，标志着世界药玻的最高技术水平。

这种药玻全称叫中性硼硅药用玻璃，化学稳定性好，抗冲击力强，耐极冷极热性能好，能有效地保证药物的纯度和药性。目前，世界上能掌握这种药用玻璃生产技术的，只有中国、美国、德国和日本4个国家。

从汽车防弹玻璃，到浮法玻璃，再到小小疫苗瓶，工艺、性能、产量不断升级，应用更丰富、广泛，中国建材人创造的奇迹远远不止这些。

中国建材生产的疫苗瓶：西林瓶

中国建材生产的疫苗瓶：预灌封

中国建材生产的30微米柔性可折叠玻璃、风电叶片、碳纤维、玻璃纤维

在神舟飞船、大飞机、航空母舰、三峡工程等一大批国家重大工程和国防建设项目中，都能见到中国建材的身影。2016年，T800碳纤维实现千吨级量产。2020年，中国建材生产出30微米柔性可折叠玻璃，形成了全球唯一覆盖"高强玻璃—高精细超薄加工"的全国产化超薄柔性玻璃产业链。

延伸阅读

浮法玻璃工艺用途及影响

浮法玻璃工艺主要应用于生产高质量、多用途的浮法玻璃产品。其生产过程为：将制备好的配合料通过投料机送入玻璃熔窑，在1600℃的高温下配合料被熔制成均匀、无气泡的玻璃液；玻璃液在熔窑内澄清均化，冷却降温后经流道、流槽自然流入锡槽内，漂浮在密度相对较大的锡液表面上，在重力和表面张力的共同作用下，玻璃液在锡液表面铺开、摊平，成形为玻璃带。为避免锡液氧化，锡槽内部充满氮氢保护气体。锡槽中的玻璃带随着过渡辊台拉引辊的牵引，逐步冷却硬化，进入退火窑，在退火窑内按照定制的温度曲线逐步降温。随后，玻璃带进入冷端切割区，按照预设规格，被精准切割为不同尺寸的产品，进入分片线，由人工或机械手取片装箱。

浮法工艺流程：原料制备→混合配料→熔制→锡槽成形→退火→切裁→瓣边→分片→取片→包装。

浮法玻璃是重要的国民经济基础材料和现代新型高科技基础材料，浮法玻璃适合进行各种冷热加工，制成我们常见的各种玻璃产品。目前浮法玻璃已经广泛应用于建筑、交通、医药、电子显示、太阳能光电幕墙等领域，包括建筑节能、高档家具、装饰、仿水晶制品、灯具、家电产品，光伏、光热发电，汽车、飞机、高铁、地铁、船舶等交通工具；还用于液晶电视、手机、平板电脑、计算机以及大屏幕广告、学校多媒体教学、远程医疗等信息显示行业；现代智慧农业设施、航空航天设施、海洋探测设施等也都离不开浮法玻璃产品。

35

"八一号"蒸汽机车

信物名称
"八一号"蒸汽机车车头
信物传承者
中国中车集团
（全称：中国中车集团有限公司）
信物年代
1952年
信物印迹
第一台国产蒸汽机车的强音

"晴空一声汽笛响,轰轰烈烈搞一场。"

这台古老蒸汽机车汽笛发出的声音,对于生活在科技时代的我们来说并不能经常听到。它出自第一台蒸汽机车"八一号"。随着号角声响起,"八一号"开启了它传奇的一生,也揭开了我国机车车辆工业辉煌的序幕。

胶济铁路四方工厂的前半生

胶济铁路四方工厂诞生于1900年,当时德国在青岛修筑胶济铁路的同时修建了一座组装修理机车的工厂,并取名为胶济铁路四方工厂。此后近半个世纪里,胶济铁路四方工厂经历了它坎坷的前半生。

1937年"七七事变"之后,胶济铁路四方工厂副厂长顾榈护送3列火车的机器设备与工人们南迁,数年间几经辗转,艰难重建工厂。1944年,日军进攻广西,顾榈将所有的机器设备和工人们安排在两列火车上,沿着湘桂黔铁路向西撤退。没有煤了,工人们就烧枕木,后来连枕木也烧光了。为了避免机器设备落入日本人之手,国民党政府下令将全部机器设备损毁。胶济铁路四方工厂几十年的积累,顾榈与工人们舍命守护的机器设备,一朝化为泡影。

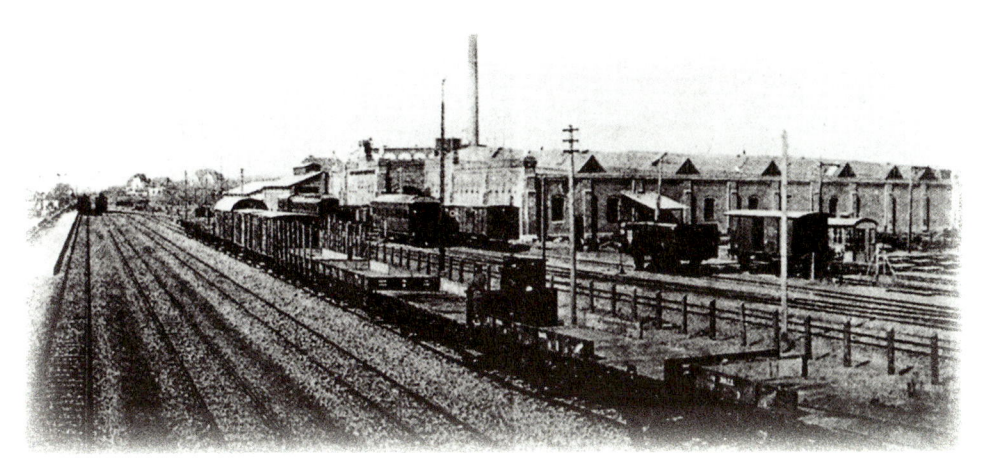

中华人民共和国成立前胶济铁路四方工厂

钢铁精神浇铸的机车梦

中华人民共和国成立前，工人们只能使用外国的旧配件对机车进行组装和修理。1949年，我国可统计的机车有4069台，分别出自9个国家的30多家工厂。机车型号多达198种，可谓是五花八门。1952年，朱德总司令视察胶济铁路四方工厂时问道："你们这个厂老工人和技术人员多，机客车是不是向'造'的方向发展啊？"正是这一问揭开了我国自主制造蒸汽机车的大幕。

当接到自主制造新型蒸汽机车的任务时，胶济铁路四方工厂的工人们内心激动极了。虽然任务很艰巨，但既然接受了任务就一定要干好。

为了制造一辆"自己的"机车，围绕配件的技术革新很快在工人间如火如荼地展开，设计图纸、铸造汽缸，小心尝试、大胆创新。能够生产一辆自主研发的机车梦，开始在工人们的心中一点点生根发芽。

当然，万里长征的每一步突破都是艰难的。半个多世纪以来，我国机车的配件都是从西方国家购买，如今要自己制造，难度可想而知。其中，最令人头疼的是机车配气系统的配件——月牙板，这是决定机车牵引力大小的关键。然而，这是一种特种钢材，当时的淬火技术始终达不到质量要求，不是半径杆烧断，就是活块起刺。有的工人说："这玩意儿向来是外国造的，咱造得了？"老技工丁学文却不服气，他吃在厂里、住在厂里，一边恶补化学知识，一边用有限的原料进行反复试验。月牙板需要进行表面渗碳处理，丁学文既使用刚学到的碳酸钡、赤血盐等化学药品，又用上牛骨头、水胶等土原料，经过一次又一次的尝试、一次又一次的失败，然后再打起精神尝试。终于，他使月牙板表面渗碳处理达到了设计要求。

像月牙板这样大大小小的配件，工人们凭借顽强的意志力和探索精神，竟造出了10000多个！

献礼建军节的汽笛声

台下十年功，为的就是登台亮相的那一刻。1952年7月26日傍晚，焦急等待的人们挤满了青岛胶济铁路四方工厂的南广场。固体传声带来的震动感越来越强烈，越来越清晰。"哒哒哒，哒哒哒……"只听一声汽笛伴随着隆隆的车轮声由远及近，一位试车员等不及机车入厂，就跳下车来挥着胳膊向大家高呼："跑得很好！跑得很好！"这一刻，整个广场沸腾了，这意味着中华人民共和国第一台国产机车试车成功，中国终于也有了自主研发机车的能力！

为了向建军节献礼，这辆新机车被命名为"八一号"！

养兵千日，用兵一时。就在落成典礼当天的傍晚，"八一号"还未从鲜花和掌声的簇拥中得以喘息便匆匆开赴抗美援朝的战场，它嘹亮的汽笛声为战场上的军人们带去了激励和希望，也奏响了第一台国产蒸汽机车的强音。此后的几十年，它的汽笛声一直回响在祖国辽阔的大地上。

1992年5月30日，"八一号"蒸汽机车在淮南机务段光荣退役。此后，它由大同机车厂保存，还参加了历次蒸汽机车节展示活动。2010年，山西大同机车厂将"八一号"作为庆祝建厂110周年的礼物送给南

1952年"八一号"蒸汽机车下线现场

中车青岛四方股份公司

车青岛四方股份公司（现中车青岛四方股份公司）。机车停驻的177万平方米的厂区，正是我国具有完全自主知识产权的"复兴号"动车组列车的制造基地。这里每4天就有3列全新的高速列车驶向高铁线路，"中国速度"令世界瞩目。

"八一号"被拆分成锅炉、煤水车和转向架3个部分，分别乘坐3辆大型平板车返回山东青岛。在外漂泊了58年的"八一号"终于回家了。它的汽笛发出了最后一次长鸣。

汽笛声在历史中回响……100多年来，从第一声汽笛鸣响开始，中国的火车就从未停止过与路途的赛跑。从中华人民共和国成立前的"万国牌"机车到如今飞驰的中国高铁，从一枚配件到今天的"中国名片"，从"零千米"发展成"八纵八横"的铁路大动脉，动车和高铁改变着城市空间和人们的生活。新中国火车事业的源头来自当年"八一号"火车头的一声长鸣！

如今，"八一号"的历史使命已经完成，但我们永远不会忘记它呼啸的汽笛声，因为那一声打响了"中国速度"开拔的发令枪。

"复兴号"奔驰在祖国广袤的大地上

延伸阅读

从"八一号"到"复兴号"

蒸汽机车

1952年，中华人民共和国第一台蒸汽机车"八一号"下线，此后中国又先后研制了建设型、和平型、上游型等系列蒸汽机车。

内燃机车

1958年，中国机车车辆迎来动力革命，逐渐走向内燃化与电力化。1958年8月13日，中车二七机车公司率先制造出中国第一台内燃机车ND1型。1958年9月24日，中车大连公司研制出了"巨龙型"内燃机车。经过改进，"巨龙型"后来发展定型为"东风型"系列内燃机车，成为中国运用最广泛的内燃机车。

电力机车

1958年12月28日，中车株机公司参与研制的第一台电力机车下线，后被命名为"韶山型"。

"和谐号"动车组

2007年4月18日，中国铁路第六次大提速，"和谐号"动车组上线运营，中国高速列车生产逐渐达到世界水平。2010年12月3日，CRH380AL型动车组在京沪高铁运营试验中创造了时速486.1千米的世界高速铁路运营试验最高速。

"复兴号"动车组

2017年6月25日，中国标准动车组被正式命名为"复兴号"CR400系列，第二天在京沪高铁两端的北京南站和上海虹桥站"复兴号"双向首发。2017年9月21日，CR400"复兴号"动车组在京沪高铁率先实现时速350千米运营，我国再次成为世界上高铁商业运营速度最高的国家。

36
铁路信号的"活化石"

信物名称
煤油号志灯
信物传承者
中国通号
(全称:中国铁路通信信号集团有限公司)
信物年代
20世纪50年代
信物印迹
中国第一代铁路信号灯

2018年4月11日，一声汽笛过后，铁轨两旁的"红绿灯"由绿变红。随着列车缓缓驶出"人"字形铁轨，这盏百年老站上的红绿灯正式告别绿皮火车。这是一个时代的结束，更是另一个时代的开始。

中国铁路事业随着时代不断发展、蜕变，铁路信号系统已经实现现代化和智能化。回望那段古老、陈旧的时光，在没有现代化系统和器械的时候，铁路信号是如何传递的呢？答案是一盏煤油灯，它是铁路信号的"活化石"，在铁路信号系统里叫号志灯。我国第一条自主设计、建造的干线铁路——京张铁路当年就是用这样的煤油灯来调度列车的。一盏煤油灯为什么会出现在铁路信号系统里？它又是如何调度列车运行的呢？

大山深处的小站

1951年冬天，京张铁路青龙桥站迎来了一位年轻人，他叫杨宝华，是刚刚被分配到青龙桥站的铁路信号员，与他同行的是一盏特殊的煤油灯。

京张铁路是我国第一条自主设计、建造的干线铁路，青龙桥站就位于京张铁路"人"字形铁轨的一侧。抗日战争时期，日本曾在此地驻军，切断了北京与张家口之间的联系。中华人民共和国成立后，杨宝华来到这里，青龙桥站的铁路信号系统——一盏煤油灯才重新亮起。

20世纪50—60年代，青龙桥火车站一天一夜要走32对车。由于铁路是单行线，一天一夜就是64趟。火车这样来回交汇开，杨宝华基本上没有休息时间。这盏煤油号志灯在保障铁路安全上发挥了至关重要的作用。

杨宝华的儿子杨存信生于

青龙桥火车站

斯、长于斯，从小看着父亲接发列车，每晚枕着汽笛声入睡，这盏特殊的煤油灯伴随了他的整个童年。1982年，杨宝华退休，杨存信便接过父亲的接力棒，成为新一任青龙桥站站长，继续守护这座大山深处的小站。

随着中国铁路事业的发展，列车车速已经翻了两倍不止，老的信号系统已经完全适应不了火车速度的需求，信号系统的升级势在必行。信号系统的更新换代是一个大工程，直到20世纪80年代初，京张铁路的信号系统才全部替换完成。新系统的应用大大提高了调度列车的效率，为不久以后的火车大提速奠定了基础。而这盏煤油号志灯在褪去使用价值后，被珍而重之地收藏进它曾经工作过的青龙桥站。

如今的青龙桥火车站

列车的守护者

山坳里、长城间，青龙桥站红瓦青檐，在旅客们看来，这是一个美丽的地方。但对常年坚守在青龙桥站的杨存信来说，日子过得并没有那么惬意。

据统计，从1997年到2021年的第一季度，我国客运列车由原来的1993列增长到10203列，货运列车约2万列。青龙桥站虽然是一个小站，但也随着中国铁路事业的发展变得异常忙碌。

20世纪90年代是杨存信接手站长工作以来最忙的一段时期。这一阶段每天都有上千位旅客从青龙桥站上下，如何保证列车安全有序地运行，是杨存信每天思虑最多的事。杨存信必须在行车调度室里紧盯着屏幕，确保各趟列车信号的准确。

青山隐隐，59岁的杨存信脸上已经有了皱纹。从煤油灯到红绿灯，在父子俩的共同守护下，青龙桥站已经走过了70年。

信号控制系统的突飞猛进

2003年，中国首个高铁列车运行控制技术标准被制定出来。2007年，中国第一条高速铁路开通。

2019年12月30日，就在青龙桥火车站这座百年老站向下4米深的地方，一列火车疾驰而过，时速350千米。中国第一条智能化高铁——京张高铁开通了。京张高铁的列车自带数千个传感器，可以随时监控列车的情况。此外，北斗导航系统的应用真正实现了列车自动驾驶。中国铁路信号的最高标准，在中国第一条智能化高铁上得以集中呈现。

从最初的煤油灯、红绿灯到如今的计算机信号控制系统，杨存信父子守护青龙桥站的70年，也是中国铁路信号发展的70年。历史与科技在同一时空交汇，描绘出一幅波澜壮阔的铁路信号画卷。

如今的列车控制技术越来越先进，也越来越复杂，人们能看到的信号装置越来越少。看着飞驰的高铁列车，谁能想到最开始的信号只是靠一盏特殊

京张高铁

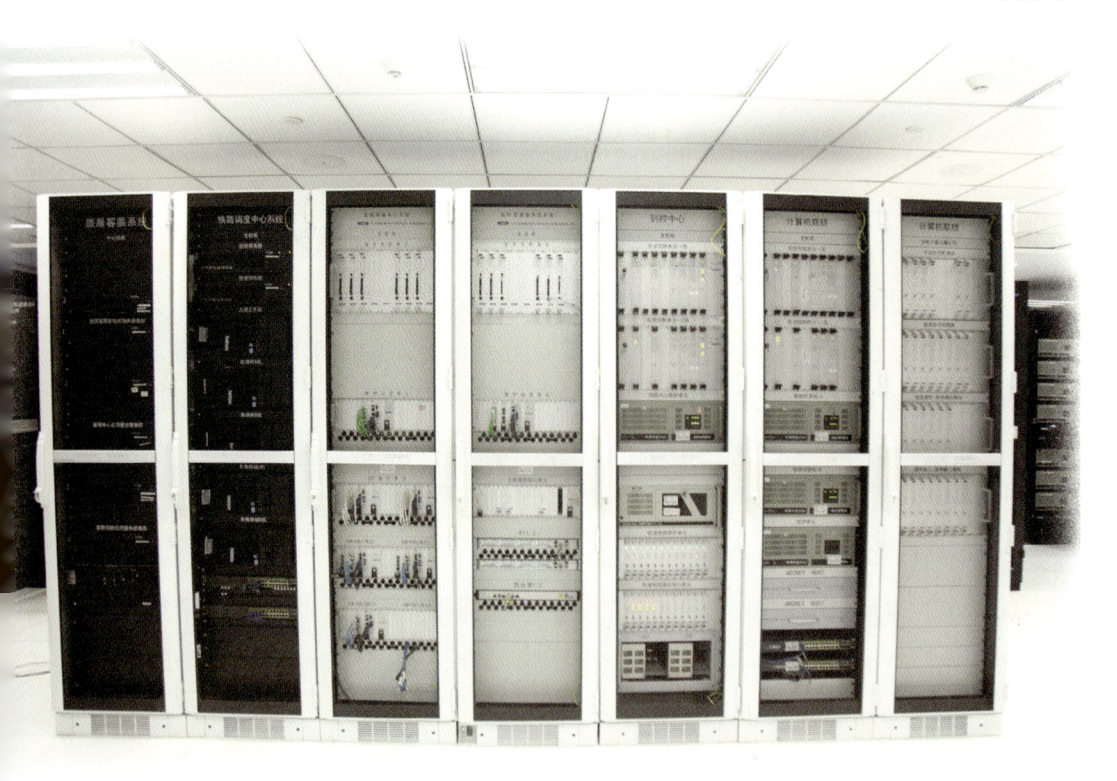

中国通号自主研发的全套高铁列控系统核心装备

的煤油灯传递的呢？那一抹悠悠的灯火，像是一粒火种，照亮了中国铁路信号发展史上最初的黑暗时刻，最终成为人们记忆中一道温暖的光。在铁路信号的引导下，呼啸的高铁动车组与慢悠悠的绿皮车交相辉映，人文和科技的碰撞，共同谱写出铁路信号的百年辉煌。

延伸阅读

高铁信号运行机制

高速铁路信号与控制系统的技术包括计算机技术、通信技术、控制技术和故障—安全技术。该系统是集行车指挥、列车运行控制和检测监测系统于一身，以调度集中为龙头，运行控制设备为基础，通信网络为骨架，实现行车调度指挥、列车运行控制、设备监测、灾害防护等功能的综合控制系统。

高速铁路信号系统中的各个系统都有特殊的用途，以保证列车安全有序地行驶。调度集中系统主要用于指挥行车，计算机联锁系统用于控制进路，列车运行控制系统用于控制列车间隔。系统中还包括专用通信设备。

高铁普遍采用综合检测列车来对设施的安全性进行检测。其中，信号检测系统具有轨道电路、应答器等设备技术参数检测功能，建立了轨道电路、应答器传输模型，实现了轨道电路、应答器信号采集和实时分析，解决了动态无接触方式无砟轨道补偿电容状态的检测难题。

37
"开路先锋"的旗帜

信物名称
"开路先锋"旗
信物传承者
中国中铁
（全称：中国铁路工程集团有限公司）
信物年代
1950年
信物印迹
修建成渝铁路动员大会上邓小平、贺龙授予的锦旗这面绣着"开路先锋"4个大字的锦旗，是1950年6月15日由邓小平同志和贺龙司令员在动员大会上授予筑路大军。这面旗帜见证了一段军民一心、众志成城的铁路建设史，也代表着中国铁路事业迈出了第一步。

1952年7月1日上午10点，汽笛鸣响，一辆由8节车厢组成的列车载着各界代表缓缓驶出重庆车站。同一时间的成都车站鼓乐齐鸣，一辆列车迎头向重庆驶去。中国第一条自主设计，完全采用国产材料的铁路——成渝铁路正式开通运营。

第一道难题

1949年年底，中国的大西南，战场的号角余音犹在。为了带动百业发展，时任中共中央西南局第一书记、西南军政委员会副主席的邓小平向党中央提出了"兴建成渝铁路，造船修建码头"的计划。

党中央的回复很快到来：马上组建西南铁路工程局，修建成渝铁路！

当时中华人民共和国刚刚成立，百废待兴，要跨越崇山峻岭在尚未完全

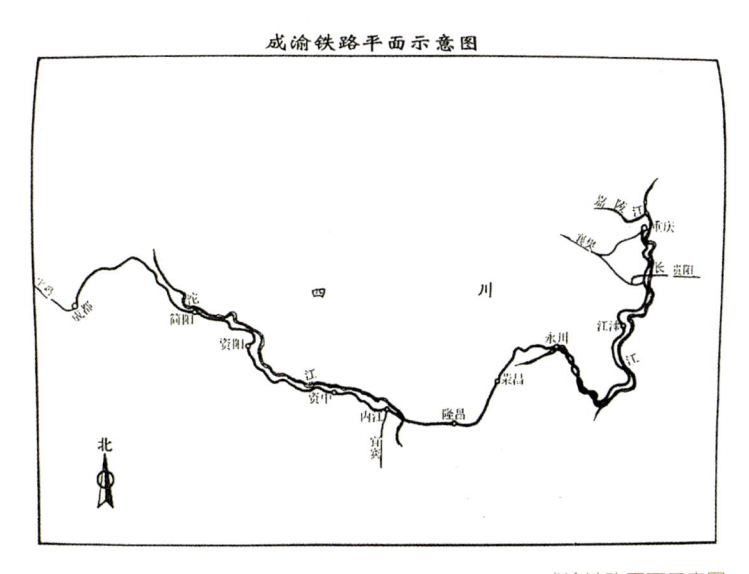

成渝铁路平面示意图

解放的大西南修建一条铁路,人从哪里来?这成为修建成渝铁路的第一道难题。

1950年1月,中共中央西南局和二野司令部一声令下,直接从直属部队及川东、川南、川西、川北军区抽调3万多名解放军,组成5个军工筑路总队,率先承担筑路任务。半年前还是十七军的政委兼军长的赵健民二话不说便脱下军装,当上了西南军政委员会交通部部长兼西南铁路工程局局长。3万多名解放军也立刻从野战部队成为逢山开路、遇水架桥的筑路大军。

"开路先锋"

1950年6月15日,在西南军区的大操场上,五星红旗和八一军旗迎风飘扬,成渝铁路开工典礼隆重举行。邓小平同志操着纯正的四川广安的口音说:"我们调出一部分部队参加建设,就是为着替人民少花一些钱,把铁路建起来。"

紧接着,军工筑路一总队司令李静宜操着正步,走到主席台前向西南军区司令员贺龙敬礼。贺龙司令员将一面大旗授予李静宜,大旗上写着4个大字:开路先锋。从那时起,这面旗帜跟随筑路大军开赴重庆九龙坡等工地,这也意味着修建成渝铁路的发令枪正式打响。

西南铁路工程局设了9个工务总段,下辖29个分段,全局职工到位,投入工作。四川各地的工人、农民也都纷纷踊跃报名参加铁路的修建。成渝铁路的修建先后共有3万多名解放军和10万名民工参加。民工以"以工代赈"的方式参与工作,工资采用"米贴制"的形式发放,党中央批准先拨1亿千克大米作为修建成渝铁路的经费。

成渝铁路实景(成渝铁路王二溪大桥)

"在物资极度匮乏、设施设备简陋的条件下，成渝铁路能在短短的两年时间内修建完成，广大军民功不可没。"成渝铁路参与建设者罗志云说："正是军民团结一心、日夜奋战，才换来了成渝铁路的建设成果。"

1950年11月，以李静宜司令为代表的3万名军工归原建制，留下以熊宇忠、黄新义、付殿成等为代表的74名老红军，300多名老八路、老战士等军队干部作为领导骨干，闪闪发光的"开路先锋"旗帜留给了赵健民领导的西南铁路工程局。

扛枪拿锹的筑路队

这是一张保存于中铁二局局史馆的老照片——铁路建设者手持"开路先锋"旗帜，意气风发地行走着。仔细看可以发现，照片中的人是一手扛枪、一手拿锹，为什么会有这样的装备呢？

这是因为西南地区虽已解放，但战争尚未完全平息，国民党反动派的残余力量并未完全消亡。他们盘踞在西南的深山老林里，蓄意策划破坏成渝铁路修建的行动。因为一旦成渝铁路修建成功，他们将彻底穷途末路了。因此，国民党反动派的残余武装网罗和勾结土匪以及地痞流氓等势力到处袭扰阻止成渝铁路的修建。

一位中国中铁的职工讲述当时土匪叛乱的情况时说："军工们是一手拿枪、一手拿锹，一面剿匪、一面筑路。"罗志云也回忆说："筑路军民凭着铁锤、钢钎、扁担、竹筐等简陋工具，肩挑手提，夜以继日地挖土方、建涵洞、开隧道、架桥梁，以每天修建5000多米的速度向前推进。"

筑路大军扛着"开路先锋"大旗，一手拿枪、一手拿锹，奔赴成渝铁路筑路一线

成渝铁路自1950年6月15日开工，到1952年6月13日正式竣工，历时两年，克服种种艰难险阻最终建设完成，甚至比计划工期提前了3个月。

1952年7月1日，成都、重庆两市分别举行了全线通车庆祝大会，并对开了两列彩车。毛泽东主席为成渝铁路通车题词："庆贺成渝铁路通车，继续努力修筑天成路。"

成渝铁路的建设为我国铁路建设积累了宝贵的经验，同时也拉开了新中国大规模进行经济建设的序幕。此后，中铁人逢山开路、遇水架桥，"开路

中国中铁司歌《开路先锋》词曲谱

先锋"的旗帜飘扬在中国第一条电气化铁路——宝成铁路的秦岭山脉，飘扬在包兰铁路的沙漠之间，飘扬在世界屋脊的第一条高原铁路青藏线上，飘扬在平潭海峡的风暴海域……一个又一个里程碑式的世界级工程成为中国中铁的名片、中国中铁的象征。

从70多年前接过"开路先锋"旗帜的那一刻起，从成渝铁路建成的那一天起，中铁人一直秉持着"逢山开路、遇水架桥"的精神，迄今为止共参建铁路300多条，建设里程逾90000千米，占中国铁路运营总里程的三分之二。

今天，"开路先锋"精神被谱写成中国中铁的司歌，被30万中铁人传唱着、传承着。

延伸阅读

成渝铁路

成渝铁路，西北起四川省成都市，东南至重庆市。客运里程505千米，线路呈东西走向，为中国西南地区的干线铁路之一。

成渝铁路的修建计划由来已久，却始终停留在图纸上。1903年，清政府提出修建由成都经重庆通往汉口的川汉铁路，成渝铁路是其中一段。1936年，国民党政府成立成渝铁路工程局，次年开始修筑铁路，因抗日战争全面爆发而停工。在此后的十多年间，国民党政府没有为这条铁路铺上一根铁轨、一根枕木。

中华人民共和国成立后，成渝铁路的建设正式开启。它拉开了我国大规模进行经济建设的序幕，改变了四川交通的格局，对中华人民共和国成立初期四川、重庆乃至整个西南地区国民经济的恢复都有着重大的历史意义。

1952年7月1日，成渝铁路全线通车。

1953年7月30日，成渝铁路正式交付运营。

38
清川江大桥上的铁钩

信物名称
铁钩
信物传承者
中国铁建
（全称：中国铁道建筑集团有限公司）
信物年代
1951年
信物印迹
"登高英雄"杨连第在清川江上使用的
架桥工具

有这样一把铁钩，朴实无华，是当年铁道兵最常用的一种攀登工具。中国铁建的前身，就是特别能奉献的中国人民解放军铁道兵部队。而这把铁钩的主人，就是牺牲在抗美援朝清川江战场上的中国人民志愿军特等功臣——杨连第。

1950年6月，朝鲜战争爆发。同年10月，中国人民志愿军赴朝作战，拉开了抗美援朝战争的序幕。清川江大桥在抗美援朝战争中是连接前方志愿军与后勤保障的主动脉，是最重要的铁路运输线上的"咽喉"，也是美国空军轰炸的核心目标。早在1950年12月，彭德怀同志就指出："若无火车运输，汽车白天又不能行驶，要想支持数十万军队继续南进作战是困难的，甚至是不可能的。"

"登高英雄""共和国铁路楷模"杨连第

赤胆忠诚的开路先锋

1951年5月，为了彻底切断连接中国人民志愿军前后方的运输"大动脉"，美军利用空中优势实施"绞杀战"，敌机对主要铁路干线进行轮番轰炸。1951年7月，清川江大桥被炸断。

桥后方是滞留在江边载满军用物资的92列火车，并且随时有可能被发现而炸毁；桥前方，前线作战部队存粮最多只够吃三四天，弹药也即将打光。如果物资跟不上，后果不堪设想。

情况万分危急！

军队首长打电话："叫杨连第来！"上级命令杨连第所在的铁道兵部队必须在8天内修复清川江大桥。

接到命令后，杨连第与战友们连夜蹚水侦察水情，摸清了美军飞机空袭的规律，提出利用空袭间隙抢修的想法，只两夜一天就搭成了一座人行浮桥。第四天下午，战士们在桥墩基础上搭起一座用7000根枕木组成的枕木垛，以代替桥墩矗立在江面上。最重要的架梁工作准备开始了，工程即将完工。

然而，一场罕见的暴风雨暴发了。一天之内，江水竟然暴涨6米。凶猛的洪水把新搭的浮桥和枕木垛连根"端"走了！连沉在江中重达30吨的钢梁也被洪水冲出了两里（1里＝500米）多地，运输再次中断！原计划用8天完成的任务，只剩4天了。

杨连第彻夜难眠。在敌机交替轰炸的间隙里，他攀上最难修的三号桥墩，看着上面被炸损的一截截钢轨，想到了钢轨架浮桥的新办法。将那些被炸损的钢轨在江底交叉稳固，不仅解决了材料问题，还能使浮桥牢牢矗立在湍急的水流里，即使美军的重型B29轰炸机也很难再炸倒浮桥！

"打不烂、炸不断"的钢铁运输线

在滔天洪水和敌机的不间断轰炸中，杨连第拿着铁钩冲在队伍最前端。他将钢轨推下水，骑在上面，腰里缠上铁丝，将铁钩绑在长杆顶端，挂在远处的钢轨上，用钳子将一根根铁丝绑架固定。

铁钩、铁丝、长杆、钳子，这些铁道兵标配的工具如此简陋却无比重要。铁道兵就像这铁钩一样，简单而重要、朴实而坚强，却总是在最危险的地方散发着独特的光芒。

1952年5月战士们在抢修清川江大桥

杨连第带着战友们连夜奋战，先后搭浮桥12次，创造出修桥历史上前所未有的钢轨架浮桥，最终使中断的清川江大桥提前胜利通车。

修了炸，炸了修。在后勤线上，铁道兵们经常创造性地将浮桥和各种大型修桥装备化整为零地进行运输和隐藏，来应对敌机的密集轰炸。他们凭借无穷的智慧和铁钩一样顽强的钢铁意志，与其他部队共同建成了一条"打不烂、炸不断"的钢铁运输线。

献身朝鲜的热血英雄

1952年3月，已任副连长的杨连第又一次回到了朝鲜，先后重返百岭川大桥、清川江大桥的战场上，带领着他的连队顽强地战斗。

然而，为阻止中国人民志愿军修复铁路桥，美国飞机在朝鲜北部的铁路线上投下了各种类型的炸弹。敌人连续轰炸，战士们连续抢修。1952年5月15日上午9时，杨连第在指挥战士们修桥时，一颗埋在土里的定时炸弹突然爆炸，一块弹片飞来击中他的头部，杨连第当场壮烈牺牲。

在朝鲜战场上，杨连第与他的连队在清川江大桥战斗的时间最长，直到他最后牺牲在那里，把自己的热血洒在蜿蜒秀丽的清川江畔。当杨连第烈士的灵柩运回祖国的时候，一起归来的，还有这把"登高英雄"生前用过的铁钩。

中国人民志愿军铁道兵部队彻底粉碎了美军试图在3个月内摧毁朝鲜北部铁路的狂妄计划，为抗美援朝战争的胜利做出了重大贡献。

美国空军发言人感慨道："坦率地讲，我们认为他们是世界上最坚强的建筑铁路的人。"

位于河南三门峡陇海铁路八号桥旁的杨连第烈士纪念碑

"杨连第连"锦旗

据统计,在抗美援朝战争期间,中国人民志愿军铁道兵先后有11万人入朝,有1481名官兵英勇牺牲,1.21万人立功获奖。为了表彰杨连第的英雄事迹,中国人民志愿军领导机关给他追记特等功,授予"一级英雄"称号,并命名他生前所在连队为"杨连第连"。朝鲜民主主义人民共和国最高人民会议常任委员会追授杨连第为"朝鲜民主主义人民共和国英雄",同时授予英雄奖状、金星奖章和一级国旗勋章。杨连第成为中朝两国人民的英雄。

在新的历史时期,中国铁建人的血液里无时无刻不流淌着战斗英雄杨连第那代代相传的"创新不止,勇攀高峰"的精神。从铁道兵部队到中国铁建,历经70多年的发展,中国铁建已经成为全球最具实力、最具规模的特大型综合建设集团之一。

中国铁建就像这把铁钩一样纯朴和坚韧,永远在危险的最高处给中国架起雄起的脊梁。

"杨连第队"承建的三峡移民重点工程——
九畹溪特大桥

"杨连第队"参与施工的银西高铁

延伸阅读

"杨连第连"

"杨连第连"是中国人民解放军铁道兵第一师一团一连，是全国著名的"登高英雄""共和国铁路楷模""最美奋斗者"杨连第生前所在连队，1948年诞生于炮火连天的东北战场。

1952年5月15日，杨连第在指挥抢修清川江大桥时牺牲，中国人民志愿军领导机关给他追记特等功，授予"一级英雄"称号，命名其生前所在连队为"杨连第连"。

1984年，"杨连第连"随铁道兵集体转业并入原铁道部，2001年随企业改制并更名，现为中铁十一局集团第一工程有限公司"杨连第队"。

"杨连第连"先后在解放战争和抗美援朝战争中建立功勋。在社会主义建设时期，"杨连第连"先后参与了黎湛、鹰厦、外福、成昆、襄渝、兖石、焦枝复线、襄北枢纽、春罗、三峡移民工程、武汉轻轨、武九、洛湛、厦深等国家重点工程建设。其中兖石铁路被评为国家优质工程，巴东2号桥被评为1998年铁道部优质工程，九畹溪大桥被共青团中央和铁道部联合命名为"青年文明号"工程，武汉轻轨一期工程获2005年度"全国市政金杯示范工程奖"，厦深黄岗河特大桥被广铁集团树为标准文明工程。

"杨连第队"于2015年被共青团湖北省委评为"2013—2014年度湖北省青年文明号"，2019年被共青团中央评为"青年文明号"，2021年被全国总工会授予全国"安康杯"劳动竞赛优胜班组。

39

第一套苏区纸币

信物名称

苏区纸币

信物传承者

农业银行

（全称：中国农业银行股份有限公司）

信物年代

1932年

信物印迹

中华苏维埃共和国国家银行发行的
第一套纸币

1936年2月的一天，在贵州省毕节县（今毕节市）苏区一个房间里传出了争吵的声音，争吵的双方分别是中国工农红军第二方面军总指挥贺龙和部队的供给部部长。

"一万多人的军队，再兑换下去，部队怎么打仗？"贺龙一句大喊，结束了这场争吵。

苏维埃银行的创立

当时正值土地革命战争时期，中国共产党领导下的各根据地大都处于经济落后的农村，尚无工业，只有分散的个体农业和少数的小手工业。频繁的战争加上国民党政府日益强化的经济封锁，要保证财政收支平衡极其困难。此外，在根据地建立之初，各式各样的杂钞劣币充斥市场，劣币驱逐良币，使得银圆甚少流通。

为了粉碎敌人的经济封锁，保障根据地军民的日用生活，促进生产和物资交流，中国共产党领导下的各根据地苏维埃政权决定创立银行或以合作社名义发行货币。

1932年2月，中华苏维埃共和国国家银行成立，毛泽民任行长，最重要的工作就是统一苏区金融体系和货币。同年7月，由中国共产党领导下的中华苏维埃共和国国家银行首次发行第一套统一货币，当时被称为苏区货币、苏币或者苏票。但纸币发行并非易事，取得苏区百姓的信任才是最重要的。

土方法辨别真伪

提到最初的苏币，毛泽民的外孙曹耘山回忆道："这些钱，是纸票，是红军票。红军票到了这么一个过去军阀盘踞的地方，老百姓是不认的。"

想要取得苏区百姓的信任，纸币必须能够兑换成银圆或生活物品。为此毛泽民亲自赶往前线，把缴获和没收的日用品、食盐、布匹运回苏区，并贴出布告，按照1∶1的比价公开兑换苏区纸币。例如，在1元纸币上，主图案是列宁头像，上面有12个大字"中华苏维埃共和国国家银行"，下面还有一行小字，"凭票即付银币壹圆"。闻讯的百姓立刻带着纸币前往兑换处兑换。

从那一刻起，苏币信誉大增。

在苏区纸币发行的过程中，还发生了一件趣事。

5角纸币曾被印刷成两种颜色，绿色和红色。同一面值为什么颜色却大相径庭，难道其中的一张是假币吗？其实，这是因为当时缺少印币的专用油墨，红军只能用其他颜色的油墨代替，所以才出现了这样有趣的现象。然而，这件事情却被国民党反动派拿去大做文章。他们利用苏区造币遇到的困难，企图用制造假币的方式破坏苏区的经济和金融，降低苏区纸币的信誉。

面对这样的货币战争，行长毛泽民犯了难。他苦思冥想数日，依旧想不出解决问题的办法。一天深夜，毛泽民的毛衣被油灯点燃，羊毛的烧焦味给予了他灵感：他在生产印钞纸的纸浆中加入了细羊毛、烂布等纤维，混入了羊毛的苏币燃烧时能散发出焦臭味，细密的纤维清晰可见。细微之处，一览无余。

通过这种土方法，真假苏币轻松可辨，既解决了防伪问题，又保证了苏区货币的正常流通。这种土方法对维持苏区货币的稳定流通起到了关键作用，从而再次巩固了苏区货币的信誉。

维护苏币信誉

1936年，贺龙率领的红二方面军到达毕节县的当天，他就收到了一张苏维埃纸币。部队刚刚到，未曾在此地发行过一张苏维埃纸币，那么这张纸币又是从何而来呢？

原来一年前，中央红军曾在毕节县驻留，这是当时购物留下的纸币。贺龙决定一一为百姓兑换成银圆。很快，贺龙部队的经费开始吃紧，因为部队的粮草弹药、医药物资都要依靠银圆采购。但贺龙的意志却未曾改变，他坚定地回答："红军部队有很多支，但共产党只有一个。"这句话一锤定音，结束了开篇的那场争吵。最终,贺龙用一万多块银圆再次守住了中华苏维埃共和国纸币的信誉。

将红色血脉发扬光大

从苏区到抗日根据地再到解放区,根植于中国广袤农村的红色金融一路走来,有力地支持了革命事业的发展与壮大。

1951年,中国农业银行的前身——农业合作银行,成为我国成立的第一家专业银行。70多年来,从中华人民共和国成立初期支援土地改革和支持农业合作化运动,到党的十八大以来助力脱贫攻坚、服务乡村振兴,农业银行始终坚守自身定位,充分发挥好金融服务"三农"的国家队、主力军作用。

进入新的发展阶段,46万农行人继承着这份红色契约的血脉,正砥砺奋进,一路向前。

1951年7月,农业银行的前身农业合作银行办公地址——北京西交民巷27号

农业银行武汉光谷金融中心支行

延伸阅读

中华苏维埃共和国国家银行

中华苏维埃共和国国家银行是土地革命战争时期,中华苏维埃共和国临时中央政府设立的国家金融机关,于1932年2月在江西瑞金成立,毛泽民任行长。国家银行及各地分行代理国家金库,办理集体和个人存贷款业务,发行面额为1元、5元、10元的苏维埃纸币及少量苏维埃银圆和可以流通到国统区去的银圆。

1934年10月，国家银行大部分工作人员随军长征，少部分人员留在中央苏区坚持斗争。1935年11月，国家银行跟随中央红军到达陕北瓦窑堡。当月下旬，国家银行总行奉命改称为中华苏维埃共和国国家银行西北分行，并将陕甘根据地的陕甘晋省苏维埃银行并入，由中央财政部部长林伯渠兼任行长。1936年7月，该行随中共中央迁至陕西省保安县（今志丹县），改称为中华苏维埃人民共和国国家银行西北分行。1937年1月迁至延安，同年10月改名为陕甘宁边区银行，总行设在延安。

40
开启天路的"罗盘"

信物名称
罗盘
信物传承者
中交集团
(全称：中国交通建设集团有限公司)
信物年代
1950年
信物印迹
康藏公路的勘测工具

"雅安雅安。"

"北京！你是北京中央电视台？我是雅安！"

1954年12月25日，一个从雅安发出的电话信号，在15分钟里，通过了成都、西安、太原……一站又一站地接力，传到了北京，只为传递一个消息。

川藏公路（原康藏公路）怒江72道拐

"通车了！康藏公路和青藏公路通车了！"

穿越了世界屋脊的两条公路，终于汇集在拉萨布达拉宫广场。这是踏勘人与筑路大军用生命修建的天路。

世界屋脊上的交通工程

1950年，为了打通入藏的通道，10多万名解放军拿起了十字镐，投身到公路的施工建设中。然而，这些满怀着支援边疆、建设边疆热情的热血青年，并没有意识到前方等待着他们的究竟是怎样的天险与困难。

1954年，一场罕见的冰川爆发发生在古乡，冲垮了刚修好的公路。时任康藏公路第二测量总队总队长齐树椿来到了冰川爆发的地点，横亘在他眼前的，是被冰川冲刷而出、素有世界屋脊之称、形成了冷峻孤绝的壮美禁地的茫茫雪域冰川——青藏高原。

为大军开路的就是当时的公路踏勘队。齐树椿当年的警卫员曾发栋说："踏勘踏勘，就是先走这个路。那边一个山到这边一个山，就得爬上半天，那是相当艰苦、相当困难。"

这是一条无人走过的路，踏勘队要在这里找出合理的公路线来，唯一能够指引方向的只有一只老式的地质罗盘的指针。71年过去了，虽然今天已

信物百年：红色财经（上卷）

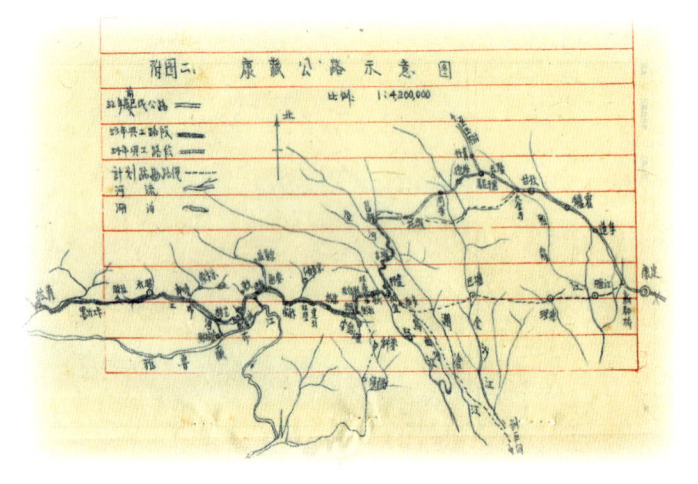

康藏公路早期设计图

经没有人再继续使用它了，但是，我国交通建设的先驱们，中交人的前辈们，就是在它的指引下，在世界屋脊上完成了新中国第一号重点交通工程！

今天，这只为踏勘队指路的罗盘的外观保存较好，依旧可以正常使用，握起它，筑路人踏勘的场景就会浮现在眼前。

用生命修建出的天路

各种意想不到的地质灾害，是踏勘队日常面临的风险。齐树椿曾带领两名队员爬下了冰川深谷，他们就像壁虎一样贴着斜坡，用手足攀沿着石块一步步爬行。深谷之中，水流声如雷，向上看，峭壁如坠，向下看，黑不见底，稍有意外就可能摔得粉身碎骨。爬了3个多小时，齐树椿和队员才爬到沟底，得到了第一手的冰川探察资料。

在整条路线上，像齐树椿这样的踏勘队伍不在少数。踩悬崖、饮冰雪是勘测康藏公路时的日常写照。他们翻越了200多座大山，徒步数万千米，只为绘制出一幅幅珍贵的踏勘图，为筑路大军指路。

据一位退休的老专家回忆，她当年参与康藏线踏勘的时候，跟着一组测量队为了比选路线走进了无人区，在经过一个湿热原始森林路段后，他们因

康藏公路施工场景：木结构打桩机 　　　康藏公路施工场景：人工挖基坑

康藏公路施工场景：人力压路机碾压桥面

为不适应环境，被"瘴气"所迷，十个人只有四五个人走出了这片区域。

总长4360多千米的"两路"上，一共牺牲了3000多名英烈，算下来大约每一千米就将近有一位筑路人献出生命。

筑路前辈们的牺牲奉献被习近平总书记高度赞誉为"一不怕苦、二不怕死，顽强拼搏、甘当路石，军民一家、民族团结"的"两路"精神！这是中国交通建设的精神，也是中交人的精神！

设计建设川藏高速公路时，人们用无人机测绘技术对川藏公路进行了重新测量，其结果竟然和当年依靠罗盘指引找出的路线相差无几。这是踏勘人在世界屋脊上创造的工程奇迹！

油画《踏勘在雀儿山上》

在世界屋脊工作的5年间,时任康藏公路第二测量总队总队长的齐树椿攻克高原纵坡折减、泥石流多发区选线等难题,确保公路如期通车。同志们说他是"带枪的工程师",面对匪患猖獗、野兽横行,他把生死置之度外;工友们说他是"赤脚测绘员",5年间,带领踏勘队伍跑了数万余千米,翻越百座峻岭,他誓言以身许国。

1956年,全国先进生产者代表大会结束后,著名油画大师要为齐树椿画一幅画,齐树椿说:"画我,就拿上我的罗盘吧。"

于是有了一幅名为《踏勘在雀儿山上》的油画。画中的齐树椿才40多岁就已经头发花白,一只眼睛失明,但他的手中依然紧握那只曾为踏勘队指路的老式罗盘。

这只小小的罗盘,见证了中国公路交通事业从起步到腾飞的光辉历程。如今,中国公路总里程已经突破500万千米,高速铁路、高速公路以及港口万吨级泊位数量均位居世界第一!在这些世界第一的背后,有着中交人的辛

港珠澳大桥

勤付出。不仅在国内建设了港珠澳大桥、上海洋山港等家喻户晓的重大工程，还将足迹遍及了世界157个国家和地区，为世界各地人民提供了生活和营商的便利。

每个中交人的心中都装着一个罗盘，它象征着中交人心中永不熄灭的"两路"精神，代代相传，继往开来，指引着中交人前进的方向，激励着中交人为中华民族的伟大复兴而奋斗！

洋山港港口

延伸阅读

康藏公路

康藏公路（现川藏公路）是一条举世无双的铺设在"世界屋脊"上的高原公路。它于1950年开工，1954年建成，全程2271千米，平均海拔在3000米以上，经过14座终年积雪的高山和无数个坡陡流急的河谷。它是中华人民共和国公路史的开篇之作。

康藏公路的"康"指的是西康省，所属地区分别并入四川省和西藏自治区。1955年，康藏公路正式改称川藏公路。

70多年来，千千万万的车与人在这条路上通过，成千上万吨的货物从这条路上源源不断地运进藏区。川藏、青藏公路通车前，从拉萨到成都或西宁往返一次，人畜驮运，冒风雪严寒，艰苦跋涉需半年到1年。而川藏公路通车后，只需数天，道路改建后单程只需3天。

川藏公路建设创造了世界公路史的奇迹。

41

消灭小儿麻痹症的"糖丸锅"

信物名称
糖丸锅
信物传承者
国药集团
（全称：中国医药集团有限公司）
信物年代
1962年
信物印迹
助力中国成为无"脊髓灰质炎"国家

医药健康领域的国家队、顶梁柱，有着70年红色历程的国药集团保存的这件信物，造型独特，看上去有点像口锅，行业内称"包衣机"，或者"糖衣机"。从20世纪60年代开始，作为疫苗生产设备，它帮助中国人战胜了一种可怕的世界性流行疾病，庇佑了几代国人的生命健康。虽然早已退出历史舞台，但它见证了中国生物制品事业的蓬勃发展。

时间倒退到1955年，一种病悄无声息地从江苏迅速向全中国蔓延，这就是可怕的脊髓灰质炎。但是，一群年轻学者的出现，有效地遏制了这种疾病的蔓延，他们是如何做到的呢？

来势汹汹的流行病

1955年，江苏南通爆发了一场可怕的疾病，半年时间里，1680人被感染，其中大部分是儿童。患者大多肌肉僵硬、肢体畸形、脊柱弯曲、瘫痪在床。此后，该疾病又在上海、青岛、南宁等城市大规模爆发。后经国务院卫生部调查确认，流行的疾病为脊髓灰质炎，民间俗称小儿麻痹症。

面对来势汹汹的小儿麻痹症，最好的方式就是通过疫苗接种防患于未然。

1959年，顾方舟、董德祥、闻仲权、蒋竞武4人临危受命，组成协作组，前往苏联学习"脊灰"疫苗的制造技术。到了苏联之后，4人参加了美国和苏联举办的关于脊髓灰质炎疫苗的研制会议。美国专家提出，采用死疫苗对抗"脊灰"，只需要注射3次就可以诱发免疫。可是如果采用死疫苗制作方案，治好一个儿童，需要支付15美元的专利费用，想要实现全国儿童免疫，难度极大。此时，协作组得到消息，活疫苗已

1959年，按照卫生部的安排前往苏联学习"脊灰"疫苗制造技术的科研人员

41　消灭小儿麻痹症的"糖丸锅"

经通过在黑猩猩和少量的志愿者身上接种而获得成功，经过深思熟虑和全盘考量之后，协作组做出决定，学习减毒活疫苗的研制。

做成糖丸的疫苗

1960年年底，协作组在北京生物制品研究所试制出我国第一批500万人份的脊髓灰质炎减毒活疫苗，并在全国11个城市推广开来。历经千辛万苦，疫苗终于生产出来了。但这是一种口服液体疫苗，孩子们十分抗拒，不愿意喝，而且液体疫苗需要低温保存，当时运输条件落后，要覆盖全国，运往偏远山区，储藏和运输都存在很大的问题。

很多中国孩子的童年记忆里，都有这么一颗小小的糖丸疫苗，白白的、甜甜的，而糖丸锅，就是用来加工制造预防脊髓灰质炎的糖丸疫苗的。锅的内外壁都很光滑，开口小，直径大，制作过程就像制作中药丸一样，通过旋转、摇动，把脊髓灰质炎的液体疫苗做成"糖丸"，既方便保存和运输，又容易被孩子接受。

几十年里，许许多多的糖丸疫苗，就是在这一口口锅里翻滚成型，沿着一条条道路，送到千百个防疫站，送到每一位家长的身边，送进亿万个孩子的嘴里，为中国控制和消灭脊髓灰质炎做出了巨大的贡献。

"糖丸"

赵铠院士喂孩子吃糖丸疫苗

与"脊灰"病毒的斗争

从1964年开始，糖丸疫苗在全国范围内大规模供应。到1988年，随着"脊灰"疫苗接种率的提高，"脊灰"病例报告数下降至667例。历经几代科学家数十载的不懈努力，2000年，经世界卫生组织确认，包括我国在内的西太平洋地区实现了无"脊灰"目标，避免了因"脊灰"病毒感染引起的死亡和肢体残疾。这是继全球消灭天花以后，世界公共卫生史上的又一壮举。

但是，由于世界上其他地区还存在"脊灰"病毒流行，人类与"脊灰"病毒的斗争还没有完全结束。2017年，国药集团中国生物北京生物制品研究所在工艺扩大和产能提升上取得重大突破，研发出具有自主知识产权的脊髓灰质炎灭活疫苗，建立了符合国际水平的质量标准和严格的工艺过程、参数控制系统，独创或建立的5项关键质控技术达到国际先进水平，建成了全球最大的脊髓灰质炎灭活疫苗生产基地。

在这条生产线上，最引人注目的，还是一口"锅"。这是一种国产300升篮式生物反应器。就是在这口"锅"里，国药集团中国生物首创了片状载体和逐级放大的连续生产关键技术，大幅度提高了细胞及病毒的培养规模，突破产能瓶颈，一举解决了脊髓灰质炎灭活疫苗病毒毒株弱、产量低、不易大规模生产的世界级难题，为我国维持无"脊灰"状态，也为实现世界卫生组织提出的全球消除"脊灰"行动计划提供了重要保障。

也是这种"锅"，在应对2019年新冠疫情中发挥了重要作用。面对疫情，国药集团中国生物迅速启动疫苗科技攻关，灭活疫苗率先进入三期临床试验。进入产业化阶段后，在独有的病毒大规模培养中这一成熟技术平台大显身手——通过篮式生物反应器和配套生产设施，在抗疫最需要的时刻，制造出一批又一批新冠灭活疫苗，源源不断地支援全球抗疫。

从那口"锅"到这口"锅"，从用糖丸锅到用篮式反应器制造"脊灰"疫苗，再到大规模生产新冠灭活疫苗，中国的生物制品行业在创新中不断进步，完成了一次次跃升和嬗变。

建党百年的献礼

这口糖丸锅，见证了历史岁月。从20世纪60年代为了61个阶级兄弟，20世纪70年代唐山震后救援，20世纪80年代迈开合资步伐，"1998年抗洪"医药战备，"2003年非典"物资调运，到今天独立自主从两条技术路线研发出3款新冠疫苗，其中新冠灭活疫苗全球首先获批上市，国药集团始终秉承红色历史，不忘初心，时刻和人民共命运、心连心，担负着医药健康国家队、主力军、顶梁柱的职责与使命。

小小糖丸已是历史，作为建党百年献礼，国药集团建成了世界最大新冠灭活疫苗生产车间。2021年5月7日，国药集团中国生物北京生物制品研究所研发生产的新型冠状病毒灭活疫苗（Vero细胞），获得世卫组织紧急使用授权，纳入全球"紧急使用清单"（EUL）。这是世卫组织批准的首个中国新冠疫苗紧急使用认证，也是第一个获得世卫组织批准的非西方国家的新冠疫苗，为实现中国新冠疫苗作为全球公共产品特别是在发展中国家的可及性和可负担性又迈出了跨越性的一步。这也标志着国药集团中国生物新冠疫苗的质量、安全性、有效性、可及性等符合世卫组织相关标准要求。

2021年6月1日，国药集团中国生物供应COVAX（新冠肺炎疫苗实施计划）首批新冠疫苗下线，这也是中国供应COVAX的首批新冠疫苗正式下线。截至2021年6月8日，国药集团新冠疫苗已在中国、阿联酋、巴林、玻利维亚、塞舌尔、泰国等6个国家获批注册上市，在全球70多个国家和地区及国际组织获得批准使用，100多个国家和国际组织提出采购需求，接种已覆盖196个国别人群，是全球使用最广泛、使用效果最

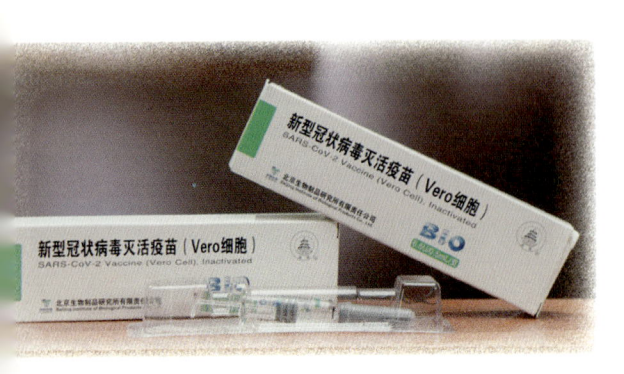

国药集团生产的新型冠状病毒肺炎疫苗

好、安全性最高、受好评最多的新冠疫苗。

国药集团新冠疫苗的研发自主性、路线可靠性、技术安全性、防护有效性、产能可及性、储运便捷性、人群普适性、体验舒适性、使用广泛性、价格可负担性等"十项特性"优势全球领先，为全球抗击新冠疫情，贡献了中国力量。

百年信物，薪火相传。从预防"脊灰"的"糖丸"疫苗，到如今的新冠病毒灭活疫苗，糖丸锅见证了历史岁月，也见证着中国生物制品事业的蓬勃发展。人民至上，生命至上，科技铸盾护佑人民健康，国药人将持续努力为构建人类卫生健康共同体做出更大贡献！

延伸阅读

"小儿麻痹症"

脊髓灰质炎是一种严重危害人类健康的急性病毒性传染病。20世纪初，这种传染病在欧洲及美洲的一些国家出现，随后遍及世界各地。我国于20世纪50年代开始对此传染病进行报道记载。

由于脊髓灰质炎患者大多是儿童，所以脊髓灰质炎也被称为"小儿麻痹症"。这种流行疾病是由破坏人体神经系统的脊髓灰质炎病毒引起的，人类是这种病毒唯一的携带者。这种病毒会通过粪便传播，经由受污染的食物和饮水扩散。初期症状包括发烧、头痛、呕吐、身体僵硬和四肢疼痛，随后或发生迟缓性瘫痪。大约每200位感染者中，就会有一人瘫痪。虽然小儿麻痹症症状主要集中在腿部，但有时也会蔓延至呼吸系统的肌肉组织，从而导致患者死亡。

1959年，卫生部决定用疫苗来预防脊髓灰质炎。从1994年10月起，我国已没有由本土脊髓灰质炎病毒引起的病例。

42
海外购回的圆明园"猴首"

信物名称
圆明园"猴首"
信物传承者
保利集团
（全称：中国保利集团有限公司）
信物年代
清乾隆年间
信物印迹
海外购回的圆明园"猴首"

1860年10月，英法联军攻占北京，冲入圆明园，纵火烧园。大火连烧三天三夜，圆明园成为一片废墟。不计其数的各类奇珍异宝被掠夺一空，其中就包括海晏堂前的十二生肖兽首。

不惜任何代价抢救兽首

2000年4月30日，在香港金钟万豪酒店，香港佳士得"春季圆明园宫廷艺术精品专场拍卖会"即将开幕。来自保利集团的代表们早早来到场下，他们计划为保利艺术博物馆购藏几件清乾隆年间的书画艺术品。

然而，拍卖会并未如期开始。连续几天一直在街头游行示威的香港市民和学生们此时来到拍卖场门口，挥舞着中英文书写的标语，高喊口号："停止拍卖贼赃，立即归还国宝！"还有人冲进场内，与现场保安撕扯。

人们关注的焦点，就是即将被拍卖的圆明园"猴首"和"牛首"铜像。早在香港佳士得拍卖会对此次春拍进行预告时，就因拍品中有兽首，引起了舆论的抗议与抵制。中国国家文物局也立即致函拍卖行，并召开新闻发布会，要求他们停止在香港公开拍卖被非法掠夺的中国文物。

然而，"猴首"铜像竟又赫然出现在拍卖会场。见此情景，保利集团的两位代表坐不住了。被香港各界的爱国情怀深深打动的保利集团代表内心激烈思量——难道要眼睁睁看着圆明园昔日的生肖铜像，再次流失到海外吗？两人心急如焚，忧心忡忡。

因为现场的抗议，拍卖方不得不宣布拍卖暂停，趁着这个空隙，保利集团两位代表冲到一处僻静的角落，分别拨打了正在欧洲进行工作访问的几位保利集团领导的电话。电话里，他们提出申请：圆明园兽首已经处于失控状态，如果不果断出手，国宝将再次遭受流失的厄运。

保利集团领导克服时差影响，当即与有关专家召开电话会议讨论研究，并同时向国家和北京市有关部门请示。旋即，保利艺术博物馆在港代表接到指示：抢救兽首！

国宝的漫漫回家路

半个多小时后，拍卖重新开始。保利集团代表回到会场，立即开始谋划竞拍兽首。面对圆明园遗珍，很多爱国人士和国外买家必然会参与竞拍，如果在场所有人竞投，竞争就会异常激烈。

为了避免自己人互相竞价使他人得利，保利集团代表们悄悄与几位国内买家进行沟通：我们要代表保利集团竞投两件兽首，希望大家互相承让。听到这个消息后，在场很多人都激动得涨红了脸颊，纷纷应允。

拍卖开始，拍卖官宣布：起拍价200万港元。

话音未落，一些收藏家就已将手中的号牌高高举起。竞拍价涨了一倍之后，许多人退出竞拍，只剩下一位国外买家。就在这时，保利集团代表出手了。

420万港元、440万港元……短短两分钟，25次举牌，为了从气势上压住对手，强迫对手放弃，保利集团的代表每一次加价都是又急又快，直到对方摇头表示放弃。

价格停留在740万港元，当锤声第三次落下，全场爆发出雷鸣般的掌声。

就在那次拍卖会上，保利集团先后拍下了圆明园"猴首"和"牛首"两座铜像。后来在香港苏富比的另一场拍卖会上，保利集团又以1400万港元拍下了"虎首"。

兽首遭拍卖而后成功回归，一时间成为人们街谈巷议的重要话题，海内外各大电视台、电台、报纸均追踪报道此事。为了让关心国宝的人们亲眼观赏到国宝，让群众重温历史、感受爱国主义情怀，保利集团的领导们决定举办特展，免费对外展出三件国宝。其中，设在香港艺术馆的首展就引起了巨大轰动，市民们踊跃排队参观，创下了当年香港艺术馆展览观众人数新纪录。

2000年5月25日，漂泊海外140年的国宝，终于回到阔别已久的故乡——北京。在保利集团相继迎回"猴首""牛首"和"虎首"之后，港澳知名爱国企业家何鸿燊博士在2003年抢救回了"猪首"并将其捐赠给了保利艺术博物馆。

"保国利民"的初心梦想

为了保护中华民族的传统文化遗产，保利集团于1998年成立了保利艺术博物馆，派遣代表前往世界各地抢救流失海外的祖国珍贵文物。保利集团的行动，开启了十二生肖兽首的百年回归之路，也带动了兽首和更多海外流失文物以不同的方式回归祖国。

保利艺术博物馆青铜展区

如今，"牛首""虎首""猴首""猪首"4件圆明园兽首相聚在保利艺术博物馆。它们历经风霜，在多处损伤的铜像上刻画着这一个多世纪跌宕起伏的历史沧桑。它们失而复得的经历，承载着中华民族的百年历史，书写着一个民族的复兴历程与家国情怀，也镌刻着保利集团"保国利民"的初心梦想。

圆明园"牛首"　　圆明园"虎首"

21年前，保利集团不惜一切代价抢救兽首，将守护文化遗产、捍卫国家利益和民族尊严作为使命与担当。而今，保利集团成功打造了世界最大的剧院院线"保利剧院"、连续10年在全球中国艺术品拍卖领域独占鳌头的保利拍卖、出品制作众多精品影视作品并以数百家影城服务亿万观众的保利

42　海外购回的圆明园"猴首"　261

信物百年：红色财经（上卷）

影业，积极为国家搭建出新时代的文化发展平台，让更多的人了解今天的中国。

今天的保利集团，已经形成国际贸易、房地产开发、文化艺术经营等多元主业的发展格局，稳居世界500强前列。"保国利民，追求卓越"，保利集团将致力打造具有全球竞争力的一流企业集团，为全面建设社会主义现代化国家做出新的贡献。

圆明园"猪首"

北京，新保利大厦外景

延伸阅读

圆明园兽首

　　保利艺术博物馆馆藏的4件圆明园国宝——"牛首""虎首""猴首""猪首"铜像，原为圆明园内海晏堂前的水利钟构件，铸造于18世纪中叶的清乾隆年间，因1860年英法联军劫掠而流失海外。2000年春，中国保利集团在香港地区先后抢救保护了圆明园"猴首""牛首"和"虎首"铜像。2003年9月，全国政协常委、港澳著名实业家何鸿燊博士又将圆明园"猪首"铜像捐赠给保利艺术博物馆。

　　圆明园海晏堂正门外的大型喷泉池两旁呈八字形，各排出6个兽首人身像，它们按十二生肖规律交错排列。这些生肖铜像口中轮流喷出一个时辰水柱，正午时分即12点整时，十二生肖铜像的口中一齐喷射水柱，刹那间场面极为壮观。因此，人们只要看到哪个生肖头像口中喷射水柱，就可知道当时的时间。

　　这4件已回归的兽首为清乾隆年间的圆明园国宝，做工精湛，是由意大利传教士郎世宁等设计，宫廷造办处工匠们用当时最好的合金铜精心制作的，内含诸多贵重金属，颜色深沉，铸工精整，展现出极高的工艺水准。因设计者是西方传教士，故而它们的造型带有诸多西方艺术特色。"牛首"铜像有鲜明的西班牙斗牛风格，双角弯曲向前。"虎首"铜像更与中国传统的虎的造型大相径庭，如果不是额头上的"王"字，许多人都会误以为是一头狮子的形象，原来西方人眼中狮子才是百兽之王。"猴首"铜像则是一个"美猴王"的形象，中国味要浓得多。"猪首"铜像造型与中国传统的猪的造型差别较大，尖嘴长吻，獠牙外凸，颇似野猪的形象，但蒲扇般伏贴的大耳，又有浓郁的中国传统审美趣味，融合了东西方造型的艺术特点。

　　清代康熙、雍正、乾隆三朝，随着欧洲传教士的纷纷来华，中西方文化交流曾颇为繁盛。但体现这一时期中西方文化交流的艺术品多是绘画，雕塑作品则属这4件铜像的时代最早，成就也最为杰出。

43

中国第一套煤田预测图

信物名称
《中国煤田预测图》
信物传承者
中煤地质总局
（全称：中国煤炭地质总局）
信物年代
1959年
信物印迹
中国第一套煤田预测图

煤炭是工业的血液。中华人民共和国成立初期，我国煤炭能源占比达94%，而当时煤炭年产量仅有3243万吨，相当于2021年3天的煤产量，无法为各个行业的发展提供充足的能源支撑。

发现更多煤炭后备基地，摸清我国煤炭家底，势在必行。

这本诞生于1959年9月的地图，是中国第一套煤田预测图，也是中华人民共和国成立后第一次为自己的能源储备查清的家底账。这本地图共146页，包括29个省市自治区的煤炭分布，预测我国煤炭总储量93779亿吨。这样一本反映能源家底图的书为新中国国民经济的发展提供了坚实的主体能源保障。

全国煤炭普查

1956年2月，地质勘探总局召集全国各大地质勘探队召开会议，时任局长常佩池在会上说："过去我们为满足建井需要，各地小面积一块一块地搞勘探。各自为政，显然已经不能适应发展，只有全国统一规划才能不落后于国家建设的需要。"

正是这次会议，开启了我国第一次全国煤炭普查。

"理清已知煤田储量、确认可靠储量、拓展可能储量"是当时的三大任务，也是形成《中国煤田预测地图》最终的落点。

在对已知煤田数据进行整理时，由于各地勘探方法和标准不一，数据千差万别，失之毫厘谬以千里。在那个还没有计算机的年代里，地质勘探人员全靠算盘和笔算、手绘完成工作。几百页的资料一算就是几天，如果其中一个结果出错就需要全部重来。

对可能储量进行勘探取证时，勘探队员们又犯了难。当时勘探队员们手中最好的手把钻虽然是从苏联进口的，但钻井深度有限。于是，队员们就人工打钻，手拽着绳子墩钻，有时候墩到一百米就得用十几个人拽。钻探一旦遇到采空区，泥浆就会大量流失无法继续，勘探队员就将黄豆、碎麻布、头发混入泥浆中增加黏稠度，用最原始的办法获得一手数据。

20世纪50年代，勘探队勘探煤田的工作场景

此次煤炭普查，为摸清我国煤炭储量获得了宝贵的数据。正是基于这些数据，绘制了新中国第一套煤田预测图。

小山村中的宝藏

当时勘探的河南省煤炭分布图上的平顶山煤田，面积约330平方千米，可采煤7层，总厚10公尺（1公尺=1米），当时探明煤炭储量10亿吨。众所周知，今天的平顶山煤田通过不断勘探和建设，已是我国重要的大型矿区之一，煤炭资源储量丰富，煤质优良。但在1953年之前，平顶山还只是个名不见经传的小山村。

20世纪50年代的平顶山在地质图纸上只标着一个小山头。1953年地质部中南地质局勘探队的到来，打破了这里的平静。经过长达5年的艰苦勘探，他们发现平顶山拥有特大煤田约9亿多吨，提交了5份勘探报告，这些数据为平顶山建设成中原煤炭基地提供了重要资源依据。1959年平顶山年

1953年，平顶山煤田

计划产煤300万吨，这一数据比1958年的81万吨增加了两倍多。

　　黑色的煤炭是平顶山的血脉，对平顶山人来说更是"乌金"，它使长期贫瘠的土地迅速改变了面貌。一个以煤炭资源为依托的城市在中原大地上兴起。地质勘探工作为平顶山的能源之路探明了方向，也为我国的能源发展和经济建设提供了有力的支撑。

　　此后，我国又在1973年、1992年、2009年，先后进行了第二次、第三次、第四次全国性的煤炭资源远景预测。以煤炭资源预测为依据，在全国建设了14个大型煤炭工业基地，为中国经济社会发展提供了强大的动力基础。

　　正是因为有了第一套中国煤田预测图，才有了后三次的煤田预测，让沉睡在地下的宝藏苏醒，为新中国的经济提供澎湃动力。

　　数十年来，中国煤炭化工地质人不断发挥"勘探尖兵"的作用——相继发现了一批中国和世界的特大煤田资源，如著名的神府东胜煤田等；与中国地质调查局合作，成功在青藏高原钻获可燃冰实物样品；探明了贵州开阳超大型磷块岩矿床等粮食化工矿产；在"碳达峰、碳中和"战略目标指引下，寻找干热岩等利用率高、碳排放少的清洁能源，推进矿产资源的绿色勘探。

作为地质勘探行业的"共和国长子"，70年野外勘探的疾风劲雨铸就了勘探人坚韧的品格。在未来，勘探人将继续发挥发扬地质人"三光荣四特别"的精神，守护中华大地的青山绿水，描绘美丽中国的宏伟蓝图。

神府东胜煤田

青藏高原钻获的陆域可燃冰

延伸阅读

煤炭地质勘探

煤炭地质勘探是运用煤炭地质学的理论和研究方法及技术手段，对煤矿藏进行的勘探评价和经济评价，包括普查、详查、勘探三个阶段。煤炭地质勘探最根本的目标是查明煤炭资源的数量、质量及赋存的地质条件和开采技术条件，为煤炭工业和煤矿建设提供有效依据。

煤炭勘查的工作方法是以地质填图为基础，所以不同勘探阶段都需要开展野外地质填图。地质填图的主要内容包括地质点观察描述、地质剖面测绘、槽探、井探和小窑调查以及浅钻工程。地质勘探工程主要以地质钻探为主，同时采用航磁、航电、遥感、地面电法、磁法、地震等物探方法，其中物探测井是重要的不可缺少的环节。

煤田勘探通常包括普查、详查、勘探阶段，不同勘探阶段的比例尺不同，根据地质条件复杂程度可以合并或跨越勘探阶段。

普查便是在预查的基础上，或在已知有煤炭的地区进行。普查的目的是对工作区煤炭资源的经济意义和开发建设可能性做出评价，为煤矿建设的规划提供依据。

详查的任务则是为矿区总体发展规划提供地质依据，基本查明可采煤层煤质的特征和工艺性能，确定可采煤层煤类，判断煤的工业利用方向。

勘探的任务是为矿井的建设可行性研究和初步设计提供地质资料，包括对含煤地层、煤层和可采煤层、煤质和煤类、构造、水文地质条件及其他开采技术条件（煤层顶底板工程地质条件、煤层瓦斯成分及含量、煤尘爆炸、煤自燃倾向、地温及梯度变化等），以及煤系共、伴生矿产的评价和了解等，采用不同勘探手段相互配合，逐步逐项予以查明。

44
红军第一套制式军装

信物名称
红军军装
信物传承者
新兴际华集团
(全称：新兴际华集团有限公司)
信物年代
1929年
信物印迹
红军第一套统一的制式军装

1929年3月，长汀（隶属福建省，中央苏区汀州市所在地、红军跃过汀江的地方）下了几场罕见的漫天大雨。夜黑雨紧，一个破旧的院落里传来阵阵"哒哒哒"的声音，20名裁缝在12台缝纫机前轮番工作，赶制红军的军装。

红军第一套统一的制式军装就诞生于长汀。灰蓝的颜色，鲜红的领章，独特的八角帽和五角星帽徽，都成为那个时代中国工农红军最显著的标识。

天空与红旗

1929年3月14日，红四军消灭了国民党福建省防军第二混成旅2000多人，击毙旅长郭凤鸣，解放了长汀城，取得了红四军入闽后第一仗的胜利。

随后，毛泽东将部队整编为3个纵队，每个纵队1200多人，500多支枪。看着战功彪炳的红四军，服装却五花八门，工人、农民的粗布衣服、缴获的军装长袍，经过一次次战斗后都已经破旧不堪，毛泽东感慨地说："部队是焕然了，还没有一新啊！"

统一红军服装刻不容缓。毛泽东要求，军服的设计和生产必须就地解决。时任红四军军部副官长杨志成临危受命，需要尽快赶制出4000套军服。红四军接收了被击毙的国民党旅长郭凤鸣在长汀建的一个被服厂，厂里有12台缝纫机和一批布匹，再加上胜利后缴获的5万元军饷，杨志成很快召集了20名裁缝，在长汀县城南门街郑屋创立了一个临时红军被服厂。

裁缝有了，缝纫机也有了，但是军服的设计成了大问题。首先是布料的颜色，考虑到红军要经常在山地间行军作战，灰色最不容易暴露目标，于是军服的颜色被设计为灰蓝色。军服的样式，一开始参照苏联红军的服装设计成了套头式样，但经过试穿，发现不适合南方的气候。于是，又参考了国民革命军的军服样式，将上衣改为前开襟敞领口，还借鉴了当时苏联红军军服和列宁戴过的八角帽式样。

毛泽东、朱德和陈毅都参与了红四军军服的设计和审定。毛泽东说，红领章代表红旗。陈毅说，灰蓝色代表天空。红四军的首套红军军服就这样定型了。

红军战士身着早期军装

军服虽然定型了，但是时间紧、工人少、机器紧缺，要让每个战士都穿上新军服，必须依靠群众。后勤供给部与染布坊联系，把一匹匹布料染成灰蓝色。被服厂的工人两班倒，日夜加班赶制新军服。从审定到制作，不过短短几十天，4000名红军从军长到士兵每人都领到了一件崭新的灰蓝色带红领章的军装、一顶带五角星的军帽、一个挎包、一副绑腿及两双胶鞋。

焕然一新的部队

"一颗红星头上戴，二面红旗领子绣"，细看这件军服，灰蓝的颜色与天空和大地浑然一体，同时衣服上还多了些细节，领口的两侧绣上了红领章，代表着红军的两面红旗，象征着红色的力量。

1929年4月1日，红四军军旗飘扬在长汀南寨广场上。阳光普照下，

4000名红四军战士,身穿统一的灰色粗布军服。面对如雕塑般整齐的红军队伍,毛泽东满意地说:"这才是军队该有的样子。"

这是红军自1927年井冈山革命根据地的创建以来,第一次统一军装,在中国军服史上占据着重要的地位。

司令台上一声号令:"向江西进发!"驻扎17天的红四军面貌一新,从南寨广场出发,绵延2500米,身着统一的军装,迈着整齐的步伐,离开汀州古城,奔赴江西,继续开辟赣南革命根据地。

红色精神的传承

在此后的岁月中,军服的样式几经变迁,但不管是在二万五千里的长征途中,还是在抗日杀敌的战场上,都能看到镌刻着红五星和红领章的战袍。"一颗红星头上戴,革命的红旗挂两边",这种军装的定义和创意,一直延续到中国人民解放军,成为中国人民军队的象征。这是红色军需人的骄傲,也是军

身着50式军服的陆海空三军战士

身着65式军服的陆军战士

1984年国庆阅兵,着85式军服的受阅部队

信物百年：红色财经（上卷）

身着87式军服的三军仪仗队

新兴际华集团医用防护服生产现场

需人克服困难再创高峰的动力源泉。

当年的第一套红军军服，如今珍藏于古田会议纪念馆，八角帽上的布质五角星如火种般传承不息。90多年过去了，流逝的岁月无法抹去令人心潮澎湃的红色记忆。见证了历史荣光的军服，在无声地向人们讲述那段铁马金戈的火红岁月！

置身于时代的快车道上，从我军第一件军服的制作，到千百万人民子弟兵的几代换装，再到高质量完成中华人民共和国成立后历次国庆阅兵式服装、数批航天员鞋靴的研制生产保障、医用防护服的紧急转产，新兴际华集团向世界展示了作为中央企业的军需保障能力和科技实力，继承发扬了军需人"特别讲政治、特别能吃苦、特别能奉献、特别能战斗"的"四特"精神。不忘初心，牢记使命，几代军需人曾经用生命守护的坚定信念和红色基因，将继续传承。

延伸阅读

中国人民解放军现役军服

为适应我军现代化建设需要，经中央军委批准，全军从2007年起换发07式服装。07式军服设礼服、常服、作训服和标志服饰4大系列，陆海空三军服装样式结构大幅改进，品种更加齐全配套，颜色更加协调，材料质量和制作工艺显著提高，军服识别功能更加鲜明，同时确定了新的冬服保暖量和军服号型标准，是我军历史上最全面、最系统的一次军服改革。07式军服对于提高我军在世界军事舞台上的形象和地位，产生积极的促进作用，在我军军服发展史上具有里程碑式的意义。

着眼新时代强军目标，积极适应我军新的体制编制调整改革，我军对07式军服陆续做了部分调整改进。从2016年起，全军先后配发新式臂章、胸标，火箭军军服，夏常服帽，长袖体能训练服，改进型作战靴，新型防寒鞋等品种，07式军服得到进一步丰富完善。

2019年国庆阅兵，着07式军服的三军仪仗队

45
新安江水电站的题词

> 为我国第一座自己设计和自制设备的大型水力发电站的胜利建设而欢呼！
>
> 周恩来
> 一九五九．四．九

信物名称
周恩来总理给新安江水电站的题词

信物传承者
中国电建
（全称：中国电力建设集团有限公司）

信物年代
1959年

信物印迹
中国第一座自主设计、自制设备的大型水力发电站

1960年4月22日凌晨，浙江新安江水电站迎来了历史性的一刻，工人推动控制台把手，蓄势待发的江水携雷霆之力，将水轮机冲得"嗡嗡"作响。伴随着巨大的轰鸣，源源不断的电力被生产了出来。它们将点亮浙江，点亮上海，点亮整个华东，也将"点亮"整片中国。

"为我国第一座自己设计和自制设备的大型水力发电站的胜利建设而欢呼！"这是周恩来总理1959年4月9日为新安江水电站建设做出的题词。题词中字里行间溢出的豪迈与澎湃，穿越半个多世纪，到今天依旧直抵人心。这是总理的欣喜，也是电建人的自豪，作为新中国第一座自己设计、施工和制造设备的大型水电站，新安江水电站树立起了中国水电事业一座划时代的里程碑！

孤立无援的技术人员

1952年春节前后的一个冬日，在北京中南海办公室里，时任中央财经委员会主任的陈云正听取时任燃料工业部领导的张铁铮汇报水电开发的情况。当张铁铮汇报到新安江时，身为上海人的陈云立刻表示出极大的兴趣。他说："要是能在新安江上建一座大型水力发电站，沪杭宁等城市的供电就有了保证。"

当时，随着社会主义建设的全面开展，长江三角洲经济用电日趋紧张，开发水电已迫在眉睫。经中央批准，一个兼具防洪防旱功能，可以解决下游杭州、上海等大城市供水供电问题，辐射周边苏浙皖地区的大型水利水电工程建造计划正式启动！

在苏联专家的建议和规划下，这座新电站的规模甚至超过

1955年11月，建德铜官峡谷被确定为新安江水电站坝址

了苏联第一个五年计划时期修建的最大的水电站——第聂伯河水电站。然而1956年2月,中苏关系破裂,在中国各条战线上帮助工作的苏联专家一批批撤离,摆在中国人面前的是毫无大型水电建设经验的技术人员,以及建设所在地铜官峡谷复杂的地形地貌。中国人能否以自己的勘测、设计、施工、制造力量完成这项任务呢?大家心里都没底。

中国水电建设的开端

夜幕中正在建设的新安江水电站

1960年4月,新安江水电站首台发电机组投产发电

要建设新安江水电站,就要把新安江的水拦蓄在一个巨大的水库里,这些水量将等同于四个太湖,相当于3000多个杭州西湖!建造这样一个庞大的工程,对成立不到10年、工业力量依旧薄弱的新中国来说,难度可想而知!

如果说施工上的困难可以通过增加人手来解决,设计上的毫无先例可循则是更大的难题。由于铜官峡谷河道狭窄、泄洪量大、机组台数多,没有合适的位置布置厂房,经过反复研究,设计师最终采取了一种新颖而大胆的做法——将发电厂房放在了溢流道的下方,并成功解决了泄洪时带来的巨大震动对下部厂房的影响问题。像这样的创新，在新安江水电站的设计中还有许多，中国的水电建设事业，就是这样硬生生地蹚出了一条道路！

1959年4月9日，天刚蒙蒙亮，周恩来总理乘坐一辆华沙牌小轿车，从杭州出发抵达了新安江畔。穿过坎坷的山路，周恩来总理登上了80米高的木板平台，一幅热气腾腾的景象顿时在他眼前呈现：密密麻麻的竹脚手架上，工人们穿梭如流，忙个不停；长龙阵般的皮带机欢畅地倾吐着砂石料；运送混凝土的机关车欢腾地来回奔跑；平仓推土机的"哒哒"声、振捣器的"嗡嗡"声、风水电3个系统的机器轰鸣声，汇成了优美和谐的交响曲。来自五湖四海成千上万的建设者们汇聚于此，头顶青天、脚踩荒滩，克服重重阻碍，书写着"叫高山低头，要河水让路"的人间奇迹。周恩来总理不禁被眼前的景象所感动，在即将结束考察时，他欣然提笔，在一张绿色油光纸上挥笔写下了那句振奋人心的话！

60年后的考验

光阴荏苒，新安江水电站建成的60年后，当年的设计者和建设者们再次迎来了一场严峻的考验。2020年7月，浙江地区的持续暴雨，使新安江库区的水位不断抬升。洪水冲毁了多座农用桥和防洪堤，上万亩农田被淹，多处公路塌方。经过多方面的研究并权衡，新安江大坝自建成以来，首次在正常运营期间开启9孔泄洪，进行了历史最大流量泄洪，巨大的水流从厂房顶奔腾而下，大坝、主厂房等主要设施安然无恙，各项监测数据均满足设计规范要求，经受住了历史的考验。

中国的水电事业，从新安江起步。我国水电装机从中华人民共和国成立之初的36万千瓦，增长到2020年的3.7亿千瓦，增加了1000多倍。在电建人的不断开拓进取下，水电工程的核心技术始终坚持自主研究。从追赶到领先，最终成为全球水电技术的创新领头羊，中国水电发展出了全球一流的水电工程设计、建设、设备制造队伍。

中国共产党成立100周年之际，由中国电建全过程勘测设计并承担主要

2020年，新安江水电站9孔泄洪

白鹤滩大坝施工现场

施工任务的金沙江白鹤滩水电站首批机组已于2021年6月正式投产发电。白鹤滩水电站装机规模1600万千瓦，是目前世界在建规模最大的水电站，多项技术指标位居世界前列，代表了当前世界水电建设的最高水平。从新安江到白鹤滩，半个多世纪的时光悄然而过，铭刻在中国电建人心中的"自立、自强、创新"精神却与时俱进、历久弥新！

延伸阅读

新安江7次泄洪

新安江水库是钱塘江上游控制流域面积最广、库容最大的水库，是保障新安江河段和钱塘江中下游河段防洪安全的"调蓄池"。一般而言，洪水初期，当预报发生持续性降雨且预测水库水位超过汛期限制水位时，新安江水库需要以下游河段可以承受的小流量开闸预泄，为后续防洪预腾库容。洪水期间随着入库流量和水位变化视情况逐渐调整开闸孔数和泄洪流量，直至洪水基本渡过。

新安江水库库容大，调节能力强，大部分年份可以完全拦蓄量级不大的洪水，避免或减轻下游建德、桐庐、富阳的洪水淹没损失，同时将带有灾害属性的洪水转变为用于供水、发电的水资源，发挥巨大的社会经济效益。以2020年为例，新安江水库将入库洪峰流量每秒23000立方米削减到每秒7700立方米向下游排泄，减淹面积123.8平方千米，减少受灾人口数量为45万，同时洪水期间水库一直满载发电，源源不断地向电网提供清洁能源。

当流域发生持续性降雨时，拦蓄洪水会导致水库水位不断提高，虽会减轻下游洪灾，但上游库区沿岸乡镇将会受淹，同时水位过高也不利于大坝自身安全，对水库下游也会构成严重威胁，所以必须兼顾上下游防洪要求。

新安江水电站建成运营61年来，仅有7个年份开闸泄洪，分别是1983年、1994年、1995年、1996年、1999年、2011年和2020年，下泄流量大部分在每秒5000立方米左右，不到天然情况下的两年一遇洪峰流量。2020年是首次9孔泄洪，其背后都是在综合考虑水情、雨情、工情，统筹考虑上、下游人民生命财产安全后做出的科学决策。

46
中国的"电力宝典"

信物名称
电力《设计手册》
信物传承者
中国能建
（全称：中国能源建设集团有限公司）
信物年代
1953年
信物印迹
中国电力行业最早的原创设计标准

一本诞生于1953年11月的手册，没有精美的印刷，也没有编撰人员的名字，装订极为简朴。过去的近70年间，它未曾公开出版过，却在业界广为流传、被广泛使用，被称为中国的"电力宝典"。

1952年的中国，百废待兴。抗美援朝战争爆发已经一年多，美军不断侵入东北领空，恐怖的气氛时刻笼罩在东北三省的上空。当年7月，一个中央的项目批示让电业管理总局东北设计分局（中国能源建设集团东北电力设计院有限公司前身）瞬间沸腾起来，批示要求东北设计分局在1954年3月31日前，搭建完成松东李220千伏输电线工程，代号"506工程"。

一项不可能完成的任务

根据1949年12月中央财政经济委员会的统计，东北工业在中华人民共和国成立初期经济建设中具有举足轻重的地位。其中，东北年炼铁量占全国总量75%，炼钢量占全国总量88%，发电量占全国总量30.1%。作为东北地区主要电源的当时亚洲最大的水电站——丰满发电厂逐渐恢复发电，向东北三省特别是辽宁重工业基地大量供电，但是原有线路容量早已不能满足需要。

当时的中国就像是一位即将奋发而起的巨人，工业就是巨人的心脏，电力与电线是输送能量的血液与血管，松东李线则是关键的大动脉。于是，为了提高对辽宁省的供电可靠性，国家决定自行设计建设松东李220千伏输电线路。那么这根大动脉该怎么搭建呢？

当时世界上除了瑞典投入建设了一条380千伏线路，220千伏就已经是最高电压，再加上时间限定，这简直就是一个超级大工程，一项几乎不可能完成的任务。

来之不易的设计手册

这样一个大工程，让刚成立不到2年的东北设计分局犯了难，人员不足、工种不全，从何下手？当时东北设计分局的设计人员手里没有任何可供参考的送电线路设计标准，也没有具体内容，更没有相关规章制度。线间距离、对地距离、气象条件选择、塔型选择、铁塔设计计算方法等，都无法确定。设计人员只能参考各家资料，日本的、美国的、苏联的，他们把这些资料搜集起来，经过反复研究分析，然后变成自己的。

当时，东北设计分局组建了4支技术队伍，同时进行勘测定点。长达369.25千米的线路，因为所经过地区地势复杂多变，所以线路路径勘测几经周折。毫无经验的勘测队员加上来自各国的设备仪器，先后3次历时8个月的勘测，结果却令人哭笑不得，勘测资料中各队的图纸拼接不上，甚至还有计算错误等问题。

无奈之下，1953年4月全线复测，东北设计分局制订了一套复测规程，终于完成了全线勘测定位工作。

随着松东李线开始施工，各部门都有了基本操作规范，中国第一本电力《设计手册》渐渐有了雏形，它是团结协作的成果，集体智慧的结晶。对电力行业技术标准的制定具有奠基性、指导性意义。

直到今天，手册中很多计算方法和设计规范仍然是行业标准。

整整提前了67天

松东李线的铁塔设计方案，同样来之不易。当时的松东李线横跨吉辽两

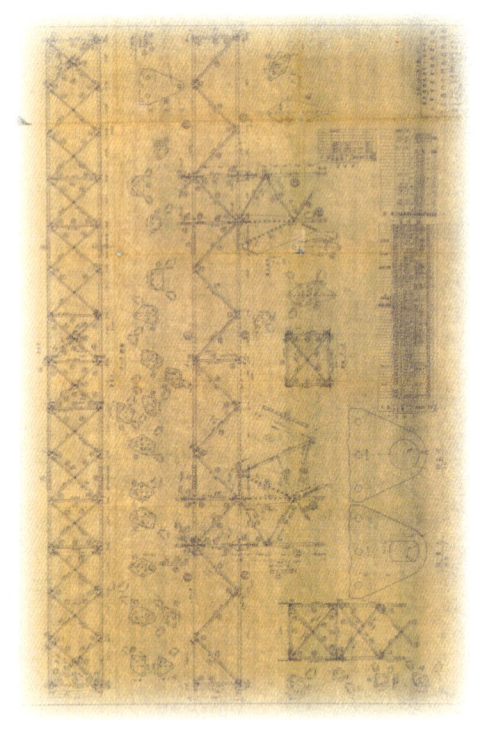

松东李线设计图

省10个县（市），全长369.25千米，必须要架设919基铁塔。当时的国家燃料工业部副部长刘澜波形容铁塔设计"就像横垄地拉滚子，一步一个坎"，完全靠一点一点摸索着画图计算，才有了高压线铁塔设计的准则。

功夫不负有心人，历尽艰辛后的1954年1月23日，中国自主设计、建设的我国第一条220千伏高压输电线路全线竣工。此时，距离中央要求竣工的3月31日，竟然整整提前了67天！

正是从这项工程开始，电力人翻过一座又一座技术大山，从只能做一些电路维修和养护的基础性施工，到自主勘测设计、制定标准规范，为以后的中国电力设计创造出无限可能。

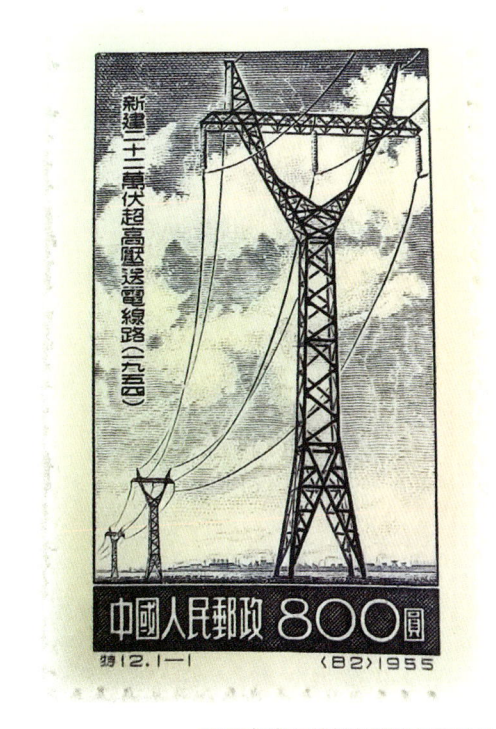

1955年发行的松东李线邮票照片

薪火相传的电力宝典

随着行业标准的不断升级，《电力工程设计手册》在2018年出版时，已成为包括31个分册，3000多万字的鸿篇巨作。它见证了中国能源电力的发展，从松东李线开始，截至2020年年底，我国220千伏及以上输电

2018年出版的《电力工程设计手册》

线路回路长度已达到79.4万千米。

就是从这本《电力工程设计手册》开始，我国电力规划设计逐步构建起独立自主的标准体系。从松东李线到葛洲坝工程、秦山核电站，从超超临界燃煤发电到特高压输变电、第三代核电"华龙一号"，从电力设计到能源建设，从"中国第一"到"世界之最"，这本《电力工程设计手册》功不可没。

一张张精细的规划蓝图，一座座巍峨的工程丰碑。中国能建已经成为全球能源企业中一张格外闪亮的名片。

中国能建设计的新疆昌吉—安徽古泉±1100千伏特高压直流输电工程

中国能建设计的德令哈中控太阳能光热发电项目

延伸阅读

从松东李线到特高压

松东李线起自吉林松花江上的丰满水电站，经东陵至辽宁省抚顺市的李石寨变电所，是我国独立设计建设的第一条220千伏输电线路。该线路设计建造任务始于1952年7月，代号"506工程"。

电业管理总局东北设计分局（中国能源建设集团东北电力设计院有限公司前身）于1953年1月完成该工程初步设计，1953年10月完成施工图。工程于1953年7月破土动工，1954年1月23日全线竣工，线路全长369.25千米，共组立铁塔919基。

松东李线的建成，使我国站在了电力设计的高起点上，艰苦创业、勇于创新，中国电力建设者的精神特质一直延续。中国能建所属企业先后设计完成了第一条330千伏超高压输电线路、第一条500千伏输变电工程、第一条750千伏输电线路等一系列我国首个输变电工程。

进入21世纪，我国经济快速发展，对电力输送距离和输送容量提出了更高要求。特高压技术当时世界上只有俄罗斯、日本等少数国家在研究和试验，完全没有可遵循的设计原则和标准。中国能建设计人员紧盯前沿，走出了一条特高压设计的创新突破之路，解决了过电压与绝缘配合、电磁环境控制等多项世界难题。

2009年，由中国能建设计的我国首条1000千伏特高压交流工程、世界首个特高压直流输电工程先后投运，推动我国输变电技术达到世界先进水平。

10多年来，中国能建参与了我国全部在建在运的特高压工程的设计工作。由中国能建参与的"特高压交流输电关键技术、成套设备及工程应用""特高压±800kV直流输电工程"先后获得国家科学技术进步奖特等奖。

47
"水电铁军"的经纬仪

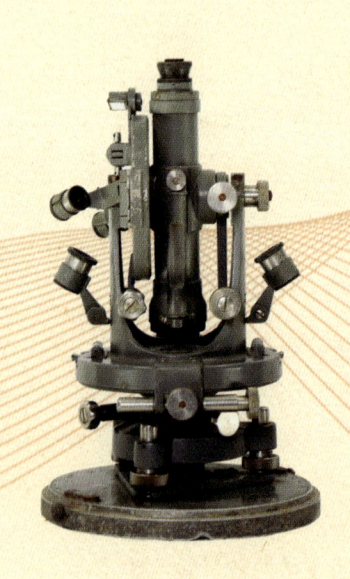

信物名称
经纬仪
信物传承者
中国安能
（全称：中国安能建设集团有限公司）
信物年代
1952年
信物印迹
中华人民共和国建设初期工程测量工具

1952年，根据毛泽东主席"一定要把淮河修好"的命令，开赴抗美援朝战场的华东野战军步兵第九〇师，途中就地改编为"水利工程第一师"投入治淮战斗。会议室原本挂着军用地图的地方，换上了一幅淮河流域的地图。旁边还挂着一幅醒目的标语："人民解放军既是一支战斗队，又是一支工作队、生产队。"

60多年来，这支经历过战火硝烟的英雄队伍，几经转隶整编，以经纬仪为准星，以锹镐为武器，南征北战，屡建奇功。

映秀湾水电站

20世纪60年代中期，我国轰轰烈烈地开展了"三线"国防建设，要在西南和西北地区建立一个完整的后方工业体系。为了给这一宏大工程提供足够的电力保证，两万多人的建设大军挥师川西峡谷。

建设水电站的第一站，选在了岷江与渔子溪河交汇处的映秀湾。

1965年3月，在川西北高原上，岷江水包裹着巨大的能量滚滚而下。岷江的岸边，一支由专家和部队组成的队伍架起了工程勘探测量用的经纬仪。

在当时经验有限、物质匮乏的情况下，建设水电站相当不容易。建设人员住着油毛毡房，喝着山涧溪水，在荒山沟壑间开山筑路、钻山打洞、筑坝拦河，创下了很多不可思议的纪录。

施工伊始，建设人员就遇到了两大难题。一是映秀地区地势沟壑纵横，水流湍急，奔流的江水每年席卷600余万吨的泥沙滚滚而下，丰水季节还有大量漂木；二是这座电站不是一般的电站，而是战备电站，出于战略意义考虑，发电厂的厂房要藏在山体之内，这就需要开山凿洞，把

20世纪60年代，官兵建设映秀湾水电站

47 "水电铁军"的经纬仪

1966年8月1日，中国人民解放军基建工程兵水电部队在映秀湾举行阅兵式

1971年，映秀湾水电站建成

江水引入厂房。

这是一场名副其实的战斗，岷江江畔随着战斗的打响而沸腾起来。

603团的大型施工机械、运输车辆，昼夜奔忙在岷江山岭和两岸；604团的指战员开山碎石，河滩捞沙，将碎石泥沙源源不断地送往工地；担负拦河大坝修建任务的601团的工地昼夜灯火通明；担负引水隧洞掘进任务的602团"四班倒"地施工，冒着塌方的危险，打眼、放炮、排运渣土，筑成通往大山里的隧道。

1971年9月30日，是一个载入映电发展史册的日子，映秀湾水电站一号机组正式投产，当年发电8620万千瓦时。

映秀湾水电站拦河闸高21.4米，由6道弧形钢闸门组成；引水隧洞全长3842.5米，这在当时是很了不起的工程。它不仅是四川发电史上新的里程碑，更是人类利用岷江自然资源创造清洁能源的开端。

"好个映秀湾，成都亮半边。"当映秀湾水电站发出的电流点亮了成都平原的万家灯火时，建设者们又迎来了新的历史使命。

经纬仪跟随水电部队踏遍了祖国的千山万水。在中华人民共和国水电建设史上，水电官兵共承建大中型水利水电工程230余项，参加了三峡工程、南水北调、西电东送、西气东输、青藏铁路等五大跨世纪工程建设，赢得了"水电铁军"的美誉。

"水电铁军"

2008年，映秀湾水电站在汶川地震中严重受损，水电官兵临危受命，由当年的建设者变为抢修者。面对强烈的余震和随时可能出现的溃坝，这一次他们要和时间赛跑，和死神展开一场激烈的较量。

2008年5月26日，武警水电第十一支队官兵搭乘的直升机悬停在映秀湾水电站坝区。

在山崩地裂的那一瞬间，映秀湾水电站的6道闸门被震损，因电源中断，导致闸门无法再提起。若因此洪水不能及时下泄，则很容易造成溢流溃坝事故，后果不堪设想。于是，36年来从未启用过的手动应急装置启动了，13名战士机降到大坝上，他们要手动摇起均重50吨的6道泄洪闸。

每摇把100圈，闸门只能提升1厘米。13名战士和2名映电员工分成4组，用血肉手掌鏖战了96小时，摇把共转动了24万余圈，终于将6道闸门平均提升了4米，洪水宣泄而下，大坝保住了。

与此同时，武警水电第十一支队冒着被余震波及的危险，穿越塌方的山体，对映秀湾进行勘察。时隔36年，经纬仪等测量工具再次立于映秀湾，而这一次，为的是守卫和重建。

2008年7月1日，武警水电第十一支队在映秀湾重温入党誓词，坚决完成抢修任务

要在废墟上重建水电站，其难度不亚于盖一座新电站，战士们在前辈曾奋斗过的土地上进行第二次创建。

重建的生命线

2010年8月14日凌晨两点，武警水电第十一支队驻地营区响起了紧急集合哨，他们刚刚拿到了重建映秀湾水电站尾水桥的施工设计图纸，重建映秀湾水电站的第一场战役就此打响。

尾水桥，是映秀镇通往汶川县的生命线，重建尾水桥是水电官兵在重建映秀湾水电站的第一场攻坚战。地震时，尾水桥严重坍塌。现场仍然余震不断，险象环生。

为赶进度，官兵们24小时连轴转，高强度的连续作业使许多官兵体力严重透支，有的战士端着饭碗在饭桌上就睡着了。

有人在施工现场问一名战士："为什么你们身上都拴着一根绳子？"战士回答道："一旦被塌方体埋住，腰上系根绳子，战友们就知道我的位置，他们会很快把我挖出来。"

8月24日凌晨，尾水桥面最后一仓混凝土浇筑完成，一座崭新的桥梁比规定时间提前3天顺利建成。每天从尾水桥上来往的车辆成千上万，运送的物资数十万吨。桥下奔涌的是从映秀湾水电站水轮机组流出的岷江水，通过

2008年，尾水桥救援　　　　　　中国安能集团大楼外景

水轮机发出的电流已经并入四川电网，为灾后重建提供了强劲的能源。

自2012年完全退出市场、专门承担应急抢险任务以来，中国安能先后出色地完成了深圳特大滑坡灾害抢险、金沙江堰塞湖排险、江西鄱阳湖特大决口封堵等重大抢险救援任务200余场，每一次都在关键时刻发挥了自然灾害工程救援国家队的独特作用。

那台老式经纬仪见证了"水电铁军"经天纬地、安澜江河的光辉战斗历程。虽然如今已经退出了历史舞台，但是它所体现的"严字当头、科技领先"理念已成为中国安能的企业文化。

百炼成钢的中国安能集团，脱下军装亦不褪本色，转隶改制也不改初心，中国安能人将赓续人民军队红色基因，发扬"水电铁军"精神，在国家经济建设和应急救援的两个主战场，彰显共和国脊梁风范，体现国家队的使命与担当，书写无愧于时代和历史的崭新篇章。

延伸阅读

映秀镇

映秀镇地处四川汶川县城南部，距离成都市78千米，与卧龙自然保护区相邻，是阿坝的门户——进出九寨沟、卧龙、四姑娘山的必经之地，因此是重要的交通要道。全镇面积113.99平方千米。

映秀镇境内水利资源丰富，水质好，地势落差大，先后修建了映秀湾水力发电总厂、华能太平驿电厂、福堂水电站等水电站，有"水电之乡"的美称。

2008年5月12日，四川省汶川县发生8.0级大地震，随后几天多次发生强烈余震。映秀镇是震中和重灾区，全镇大部分房屋倒塌，到处山体滑坡，造成停水、停电，通信、交通中断。救援队全力抢修公路，并空降大批人员进行救助。映秀湾水电站在大地震中严重受损，水电官兵临危受命，积极抢修基础设施，在废墟上重建了电站。

48

改革开放第一个大型
项目合营合同

信物名称
大亚湾核电站项目合营合同
信物传承者
中广核
（全称：中国广核集团有限公司）
信物年代
1985年1月18日
信物印迹
改革开放第一个大型项目合营合同

1985年1月18日，在人民大会堂宽敞的会议室里，几十个人紧紧注视着会议室正中间的一摞合同，随着最后一个人签字盖章，一项关系中国能源发展的大事就此拉开序幕。

当天，粤港双方签约代表在人民大会堂庄严地签上了自己的名字。第二天，邓小平同志会见签约代表时高兴地说"这是了不起的事情"，称它是"对外开放的典范"。

这一份合营合同的背后藏着哪些尘封的故事呢？

一份价值40亿美元的合同

20世纪80年代，随着改革开放的深入，广东省的经济发展突飞猛进。与此同时，缺电越来越成为制约广东经济发展的瓶颈。

1982年12月13日，国务院常务会议决定，在广东省深圳市建设中国第一座百万千瓦级大型商用核电站——大亚湾核电站，以缓解中国南方地区因电力紧张而造成的经济压力。

这一消息传出后，所有人都热血沸腾，但当了解到建设核电站所需的巨大费用时，大家又都冷静了下来。大亚湾核电站的总投资要40亿美元，而当时全中国的外汇储备只有1.67亿美元，20多倍的差距无论如何也填补不了。

在没钱、没技术的情况下，如何建设大亚湾核电站？这似乎是一个不可能解决的难题。

实际上，1979年5月的一天，广东省收到一份全新的集资方案——在广东省建设核电站，把部分电量卖给香港，粤港双方合营，以取得的外汇偿还建设核电站所欠的外债。

作为当年的"亚洲四小龙"之一，香港经济高速发展的同时，也同样面临着缺电的问题，但受到地域限制，香港没有建设核电站的条件。合资建设大亚湾核电站，是香港地区摆脱缺电掣肘的最好办法。

对广东省来说，"借贷建设、售电还钱、合资经营"，是在当时国家财

信物百年：红色财经（上卷）

1985年，广东核电合营有限公司（企业门头）

1994年，大亚湾核电站建成

政困难的形势下，解决当时核电站起步建设资金和外汇不足等财政困难的一条"出路"，但40亿美元的贷款也不是小数目，谁都不敢保证最终收益够不够抵债。

机遇与风险并存，在国家政策的大力支持下，经过一年多的谈判磋商，1985年1月18日，粤港双方签订了合营合同。这是我国改革开放后第一个大型项目合营合同，合同上，甲方是广东核电投资有限公司，乙方是香港核电投资有限公司。

双方按照条款成立了广东核电合营有限公司，这是我国改革开放以来第一个40亿美元的合资企业，新中国第一个大型混合所有制企业由此诞生。

大亚湾核电站在深圳改革开放中"杀出一条血路"，"借贷建设、售电还钱、合资经营"打破了我国重大项目皆由国家投资的模式。这个合同，记录的是我国企业发展史上一次重大的变革。

1987年8月7日，大亚湾核电站主体工程开工建设。历经了7年建设之后，大亚湾核电站1号机组在1994年2月1日正式投入商运。邓小平同志亲自祝贺，对建设者、科学技术人员表示感谢！3个月后，也就是1994年5月6日，2号机组也顺利投产。至此，大亚湾核电站全面建成，结束了中国没有大型商用核电站的历史，成为我国改革开放的典范工程。从此，我国核电事业走上了从"引进来"到"走出去"的腾飞之路。

具有自主知识产权的"华龙一号"

核电站建起来了,但最初核电站的运营方却不是中国人。我们能借钱建起核电站,却没有运营核电站的能力,当时的主要设备和主要运营管理人员几乎都来自法国。为了尽早实现核电站的自主运营,中广核派出115人赴英法留学,每个人的培训费用高达130万法郎,在当时相当于60千克黄金的价值。尽管后来,这批人在我国核电事业发展中确实发挥出了"黄金"般的作用,但在当时,所有人都在担心,本就是借钱建的核电站,还要花这么多钱培养人才,核电站建起来后不能发电还贷怎么办?

事实证明,高价的培训是值得的。1997年,伴随着香港的回归,大亚湾核电站迎来了第一位中方厂长,比预计接任时间提前了两年。

同年5月,岭澳核电站一期开工建设,我国核电逐步实现"四个自主化",开始进入了"滚动发展"的良性阶段。据统计,大亚湾核电站自建成以来,到2021年第一季度,对香港供电累计超过2700亿千瓦时。

2021年,建设中的"华龙一号"

大亚湾核电站为我国核电建设积累了宝贵的经验，如今的中广核事业发展遍地开花，从最初全套引进国外核电技术，到联合兄弟单位研发出具有自主知识产权的"华龙一号"；从一家单一核电企业到发展成为综合性清洁能源集团，实现了从无到有、从小到大、由弱变强的跨越式成长，嬗变为具有国际竞争力的一流能源集团。

2009年9月29日，在大亚湾核电站项目合营合同到期前夕，双方再次续约20年。习近平同志亲自参加了现场签约活动。

从1985年1月19日邓小平同志会见签约双方代表，到习近平同志2009年亲自参加历史性的续约，两位国家领导人都对粤港核电合作给予了亲切的关怀，这是对中广核全体员工的巨大鼓舞和鞭策。

中广核之所以能够在近40年中迅速发展壮大，逐渐成长为全国第一、全球第三大核电企业，完全得益于中国改革开放的伟大时代，得益于党和政府对核电事业、清洁能源的高度重视。创新发展，不忘初心，中广核将不断在建设社会主义现代化国家的新征程上贡献力量！

延伸阅读

"华龙一号"

"华龙一号"是由中广核和中核集团联合研发的具有自主知识产权的三代百万千瓦级核电技术堆型。

它充分利用了我国近30年来在核电站设计、建设、运营及研发中所积累的技术和人才优势，吸收了国内外压水堆核电站设计、建造、运营的设计理念和大量经验，采用单堆布置，机组电功率115万千瓦，已在国内多个新建核电机组中实现应用。

作为"华龙一号"的"神经中枢",由中广核自主研发的核电站数字化仪控系统——"和睦系统",是我国首个具有完全自主知识产权的核级数字化仪控平台。"和睦系统"控制着核电站260多个系统、近万个设备的运行和各类工况处理过程,对于保证核电站安全、可靠、稳定运行发挥着重要作用。它的成功研制和应用,填补了我国在该领域的空白,使我国成为全球少数几个拥有该技术和业绩的国家之一,是我国装备制造业领域的重大里程碑事件。

截至2020年底,"和睦系统"已在阳江、红沿河、防城港、田湾、惠州、石岛湾等7座核电站15台核电机组得到应用,实现了多技术、多堆型的应用覆盖。

"华龙一号"是依托我国业已形成的核电装备制造业体系和能力形成的优秀成果,实现了安全性与经济性的均衡、先进性与成熟性的统一、能动与非能动的结合,是我国走向世界的"国家名片"之一。

"华龙一号"设计效果图

49
《义勇军进行曲》
唱片母版

信物名称
《义勇军进行曲》唱片母版
信物传承者
华录集团
（全称：中国华录集团有限公司）
信物年代
1935年
信物印迹
抗日战争中诞生的中华人民共和国国歌

《义勇军进行曲》灌制地（图片来源：上海市徐汇区文化和旅游局）

84个字，字字都饱含着一个民族顽强的斗志和热血。104个音符，每每响起都会拨动数万万国人的心跳。这首歌曲，就是中华人民共和国国歌《义勇军进行曲》。

时间倒回到1935年5月3日，在上海市徐汇区衡山路811号的小红楼的录音棚里，袁牧之、顾梦鹤等7名上海文艺界进步人士正在录制——"起来，不愿做奴隶的人们，把我们的血肉，筑成我们新的长城……前进进！"那天途经这里的人一定不会想到，这首歌后来会伴着五星红旗的每一次冉冉升起，成为中华儿女生命里最具有特殊意义的旋律。

热血谱就的旋律

1931年"九一八"事变后，东北沦陷。中国共产党号召人民武装抗日，东北各地人民和国民党一部分在东北的爱国军队，纷纷组成义勇军、自卫军等抗日武装。这些抗日武装统称"东北抗日义勇军"。东北抗日义勇军在辽宁南部、吉林东部和黑龙江嫩江地区进行游击战争，给日本侵略者沉重的打击。

在这种历史背景下，由现代剧作家、诗人田汉创作故事梗概，现代电影艺术家夏衍将故事梗概改写为电影剧本的影片《风云儿女》于1935年在上海诞生了。《义勇军进行曲》就是该影片的主题歌，田汉、聂耳、任光等一众青年便是这首歌曲的主要创作成员。年轻的音乐家们怀着梦想从海外归来，立即投身到这份抗日爱国事业里。然而，当时在上海滩进行抗日爱国活动可谓危机四伏，很多抗日的进步作家和艺术家面临着被绑架和暗杀的风险。

果不其然，危险还是到来了。1935年2月，田汉因宣传抗日不幸被捕入狱。不久，为《义勇军进行曲》谱曲的聂耳也上了黑名单，只能被迫马上出国。在临行前，聂耳约了任光、司徒慧敏等好友，拿出了用简谱写下的《义勇军进行曲》初稿，激动地唱给大伙儿听，众人在这首还未完全成熟的旋律中，眼含热泪。

1935年4月15日，聂耳带着沉甸甸的责任，带着大家的寄托和悉心统计好的修改意见离开了上海，到相对安全的地方继续完成《义勇军进行曲》的谱曲工作。经过潜心雕琢，聂耳终于把修改好的曲谱寄回来了。然而，很少有人知道，这部作品，竟是聂耳短暂一生中的最后一个作品。

硝烟中永存

有了歌词，有了编曲，但是田汉和聂耳的缺席无疑给创作团队一记重击，录制电影主题歌的使命就压到了任光的肩上。他来到百代公司，主持唱片录制工作。

司徒慧敏、袁牧之、顾梦鹤等电通公司的工作人员组成了一支7人临时合唱队。虽然他们的歌唱水平参差不齐，但那份炙热的爱国情绪的相互传染，让这支并不专业的合唱队迸发出巨大的能量。"3，2，1"，伴随着激昂的旋律，大家用发自肺腑的声音齐声歌唱，第一首《义勇军进行曲》就这样

国歌纪念馆内电影《风云儿女》拍摄模拟场景

录制成功了！很快，这激昂的旋律随着电影《风云儿女》的上映，博得无数观众的感动与掌声。它开始传遍全国，继而传遍全球！

它代表中华人民共和国

在中华人民共和国成立之际，《义勇军进行曲》也加入到了国歌候选曲的行列中。

1949年9月27日，中国人民政治协商会议第一届全体会议上，在应征国歌的600余首候选歌曲中，《义勇军进行曲》脱颖而出，成为代国歌。

其实，《义勇军进行曲》成为代国歌的过程并没有那么顺利。在会议上有些代表认为这首歌的歌词已经过时，因为抗战早已胜利，战争已经结束了。但大部分代表赞同和支持歌词不改，他们认为《义勇军进行曲》创作于中华民族危难关头，表现了中华民族不屈不挠的战斗精神，这种精神是不会过时的。最终，周恩来总理主持，绝大多数代表赞成并通过了《关于国歌的决议方案》，决定在中华人民共和国国歌未正式制定前，以《义勇军进行曲》为国歌。

1949年10月1日，毛泽东主席在天安门城楼庄严宣告"中华人民共和国，中央人民政府，今天成立了！"音乐响起，伴随着五星红旗冉冉升起，《义勇军进行曲》作为中华人民共和国国歌第一次在天安门广场奏响，一直传唱至今。

今天，《义勇军进行曲》母版的纹路依然清晰，它保存的不仅仅是一段旋律，也是一个国家、一个民族发自内心深处的不屈与尊严。《义勇军进行曲》响彻祖国的每一寸土地，响在每个人的心里。

延伸阅读

《风云儿女》的故事

《风云儿女》是由许幸之执导，田汉、夏衍编剧，袁牧之、王人美、谈瑛等人主演的一部抗战故事片，于1935年5月24日上映。

影片讲述了在抗战时期，原来只顾享乐的诗人辛白华最终因为挚友梁质夫的牺牲而投入抗战的故事。

辛白华和梁质夫都是东北人。"九一八"爆发以后，他们两人从家乡出来，一直过着漂泊的生活，但他们一直都没有失去对生活的信心，憧憬着美好的未来。两人租住的二楼住着生活十分贫苦的少女阿凤和她的母亲。他们非常同情她们母女，并且时常帮助她们。

后来，梁质夫因和革命者有关系被捕入狱，而辛白华却和富商遗孀史夫人坠入了情网。阿凤的母亲去世了，辛白华很同情她，就把她送到学校读书。无依无靠的阿凤加入了歌舞班，经常去各地演出。

梁质夫被释放后，日本帝国主义侵略华北，梁质夫参加了革命，英勇抗敌。辛白华则躲到了史夫人家，还跟史夫人一起到青岛游玩。阿凤所在的歌舞团正好在青岛演出，遇见了辛白华。看了阿凤演的《铁蹄下的歌女》后，辛白华受到很大的震动，激起了他的爱国热情，但是他还是没有摆脱爱情的束缚，那股热情很快又冷却了下去。

最后，梁质夫在抗敌的战场上牺牲了。辛白华得知这一消息，终于抛弃了以前那种享乐的生活，在《义勇军进行曲》的歌声中走上了抗敌的最前线。

50
中国第一台330千伏电力变压器

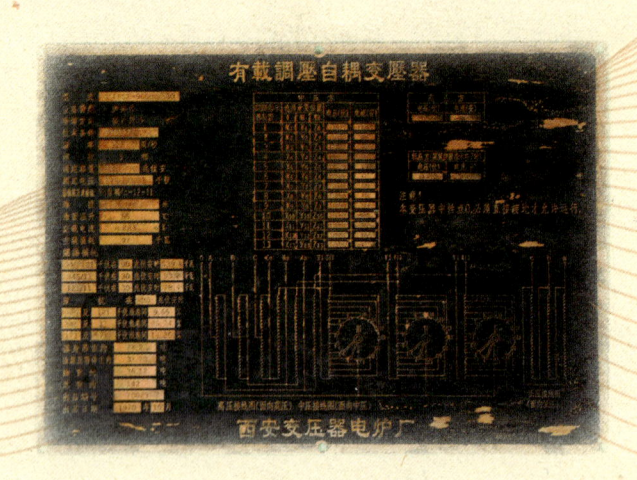

信物名称
330千伏有载调压自耦变压器铭牌
信物传承者
中国西电集团
（全称：中国西电集团有限公司）
信物年代
1970年
信物印迹
开启中国输配电装备制造业自主化道路

1966年3月，正在建设中的甘肃刘家峡水电站已经开工8年，建成后规划年发电量57亿度（1度=1千瓦·时），比中华人民共和国成立初期全国一年的发电量还多。

　　当时，国家提出了"三线建设"的战略，在陕甘一带布局了大量轻纺、军工、机械等国家重点工程项目，用电量急剧攀升，电荒严重，陕西省经常每周"停三供四"，拉闸限电。在这种情况下，刘家峡水电站无疑被寄予厚望，但是每年57亿度的电量要怎样及时输送出去，却是摆在所有人面前的一个大问题。

1969年，刘家峡水电站远景

"没有条件，创造条件也要上"

为了将刘家峡水电站的澎湃电力输送到陕西省及其附近的缺电地区，国家规划了刘天关330千伏超高压输电线路。这条线路西起甘肃省刘家峡水电站，途经天水市，东至关中八百里秦川，总长超过500千米，是当时我国输电距离最长、电压等级最高、输电容量最大的工程。在刘天关输电工程建设过程中，以330千伏电力变压器为代表的输配电装备研制被视为整个工程的成败关键，但在当时，中国人并不掌握330千伏超高压输电技术。

中华人民共和国成立初期，国家积贫积弱，很多重工业几乎是从零开始，电力工业也不例外。为打造我国高压输变电装备制造与科研基地，1953年5月7日，一机部西北办事处正式成立，负责在陕西省西安市筹建输变电装备制造基地，布局建设了"一五"计划156项中的4个项目，即西安开关整流器厂、西安高压电瓷厂、西安电力电容器厂和西安绝缘材料厂。随后又陆续筹建了西安变压器电炉厂、西安电缆厂等骨干企业，为后来中国电力装备制造业的发展奠定了基础。1959年，中央同意一机部设立西北电力机械制造公司（中国西电集团前身）。

在随后的一段时间里，以这家公司为代表的国内输变电装备制造企业开始仿制苏联产品，先后将我国输变电产品电压等级提高到了110千伏和220千伏，整体设计制造水平不断提高。但是1960年，苏联政府突然撤走了全部在华的苏联专家，撕毁几百个协定和合同，停止供应重要设备，上百个国家重点工程陷入停滞、半停滞状态。

为此，中央提出了"自力更生，发愤图强，艰苦奋斗，勤俭建国"的方针，"没有条件创造条件也要上"。

1964年，受水电部之邀，来自全国46个单位的科研设计、设备制造、施工安装、供电运行等技术人员和专家齐聚西安市，承接课题，进行研究。与此同时，在经济困难时期封存的西安变压器厂也重启投产，但却面临着技术资料紧缺、生产设备告急、人才资源匮乏等诸多困难。

1965年1月，国家决定将上海电炉厂部分职工和设备内迁至西安市，并将原计划迁至贵州省都匀市的上海电机厂变压器车间改迁至西安市，合并为西安变压器电炉厂。简单的动员后，两厂职工便积极响应国家号召，义无反顾地踏上了西行的列车。

"坚定不移的自主创新路"

1965年4月到1966年8月，上海电炉厂和上海电机厂的1000多名职工，先后分5批从上海市坐上了开往西安市的列车。西迁的队伍中，年龄最小的孩子只有56天，年龄最大的技术人员已经年近半百。嗷嗷待哺的婴儿与鬓角初露白丝的师傅，在列车汽笛的长鸣声中，离开了熟悉的上海滩，离开了相伴的亲人，共同驶向一个未知的梦。

作为曾经的西迁职工，原西安变压器电炉厂党委副书记常焕新回忆道："一下火车，我们把家属送到家，马上就进厂。西迁职工们情绪高涨，斗志昂扬，大家听党话，跟党走，不怕难，拼命干！"

当时，他们到达的厂区，还是一片荒草摇曳的空地，来不及感慨唏嘘，便投入到一个个接踵而至的任务中。没有工具，自己提着焊枪焊；没有厂房，就在草棚里作业；没有运输设备，就几人合力肩扛手挑。仅仅用了3个多月，在陕西省西安市西郊荒寂的土地上，他们建起了36米跨度的厂房，安装了大型起重设备。而后他们自主设计制造出了用于生产大型变压器必需的12米真空烘房等专用工艺装备，为研制330千伏变压器打下了基础。

为了实现变压器自主研发、追赶超越世界领先水平的梦想，徐基泰（第一批全国五一劳动奖章获得者）等一大批技术人员全

大型起重机（250吨行车）安装情景

成功研制的330千伏有载调压自耦变压器正在实验中

身心投入到变压器新产品的研制工作中。"我国的输变电发展水平与西方发达国家相比相差了十几年,我们肩负着改善国家输变电事业落后局面的重任,既然热爱变压器,我们就必须坚持下去!"当时担任刘天关输变电线路330千伏变压器研制技术指导的徐基泰,总是这样激励设计人员。

由于没有任何资料可以借鉴,徐基泰与设计人员们就在已掌握技术的基础上,大胆且严谨地开展计算工作,即使是一个细小的地方,但凡有所怀疑也要推倒重来、反复测试,绝不轻易下结论。当时没有计算机,甚至没有电子计算器,工作设备极其简陋,设计人员只能使用铅笔、三角板、丁字尺、计算尺,在图板上手工绘制图纸。他们以"蚂蚁啃骨头"的精神潜心钻研、不断攻关,想方设法改进设计方案。

1970年9月,装机实验的那天,实验大厅外挤满了人。在这里,这台总重142吨的变压器要通过20多项严苛的测试才算成功。在所有测试中,最难的要数模拟雷电环境的打高压实验,变压器需要通过1175千伏高压电冲击的考验。打高压短短1分钟的时间,对于每个人来说都无比漫长,因为他们不知道接下来会是奇迹的发生,还是全厂一年多的努力付诸东流。蓝色的电弧发出"噼叭"的响声,1分钟过去了,变压器安然无恙。当变压器终于通过全部测试时,所有人高兴得像过年一样,很多人流下了激动的泪水。

"西迁精神"铸就中国名片

1972年6月,刘天关工程正式竣工投运。以西电人为代表的广大工程建设者完全依靠自己的力量,自主研制成功我国第一台330千伏有载调压自耦

1972年，刘天关工程竣工投运，图为工程沿线秦安变电站

变压器等成套装备，建成了我国第一套输变电试验检测系统，多项指标均达到当时先进水平，向世界证明中国已具备独立自主的输变电装备研制能力。

40多年过去了，刘天关线路还在源源不断地输送电力，中国也建立起了星罗棋布、四通八达的电力网络。与此同时，"西迁"也收获了累累硕果，使中国输配电产业走向国际，成为中国装备的世界名片。

如今，在我国错综交织的每一条高压、超高压、特高压输电线路中，几乎都能够看到印有"XD"红色标志的输变电装备。传承弘扬伟大的"西迁精神"，中国西电集团不仅先后为我国所有电压等级的输电线路，以及三峡工程、"西电东送"等国家重点工程提供了大量成套装备，还拥有了一批以超特高压输变电成套装备为代表的自主产权和核心技术，打破了国外关键技术垄断，业务更是覆盖了全球80多个国家和地区。

磨砺铸造出的"西迁精神"，已纳入中国共产党人的精神谱系，激励着一代又一代中国人挺起民族的脊梁!

如今,中国西电集团紧盯着"碳达峰、碳中和"和构建新型电力系统的目标任务,努力打造中国电气装备产业航母,推动我国电气装备制造业迈向全球价值链中高端,为世界能源治理贡献中国智慧、中国方案、中国力量。

中国西电集团为中国第一个海外特高压直流项目——巴西美丽山二期±800千伏高压直流输电工程研制的±800千伏高端换流变压器

中国西电集团自主研制的100千安发电机断路器成套装置,成功解决关键核心技术"卡脖子"难题,打破国外垄断

延伸阅读

刘家峡水电站

刘家峡水电站是根据第一届全国人民代表大会二次会议通过的《关于根治黄河水害和开发黄河水利综合规划的决议》，按照"独立自主，自力更生"的方针，自己勘测设计，自己制造设备、自己施工安装、自己调试管理的中国第一座百万千瓦级大型水力发电站。

水电站位于甘肃省永靖县境内的黄河干流。1958年9月开工兴建，1961年停工，1964年复工，1968年10月蓄水，1969年4月首台机组投产发电，1974年12月全部机组投产，1975年2月全面建成。

刘家峡水电站坝型为重力坝，最大坝高147米，总库容57亿立方米。该电站厂房宽约25米，长约180米，高约20层楼。水电站中央排列着5台大型国产水轮发电机组，分别担负着供给陕西、甘肃、青海等省用电的任务。装机总容量122.5万千瓦，设计年平均发电量57亿度，比中华人民共和国初期全国一年的发电量还多。

同时，刘家峡水电站还是一个兼有防洪、灌溉、防凌、养殖等综合利用价值的大型水利枢纽。工程先后荣获"全国水电工程优秀设计奖""全国科学大会科技成果奖""国家银质奖工程"，2009年入选"新中国百项重大建设经典工程"，2018年入选"第二批国家工业遗产名单"，2019年入选"中国工业遗产保护名录（第二批）"。

后记
信物无声　精神永恒

在庆祝建党百年之际，中央广播电视总台联合国务院国有资产监督管理委员会共同推出百集微纪录片《红色财经·信物百年》，通过百位讲述人、百件信物、百集故事，翻开红色财经百年史画卷。这是国企人深入开展党史学习教育的生动实践，也是总台建党百年宣传报道的又一精品力作。

中国经济百年风云，千千万万以实业报国为己任的仁人志士，绘出中国经济史上一幅史诗般的英雄图谱，在没有硝烟的战场上，为共和国千秋基业筑起最牢固的经济保障。而那一件件磨损、褪色甚至破旧的国企信物，就是创业之初的国之基石。一块普通的铀矿石，一件破旧的马甲，一部不能发报的老电台，一把抗美援朝运输线上的铁钩，一张《义勇军进行曲》的金属母本……一件件珍贵的百年信物见证了一条经历千锤百炼而不朽、跨越沧海桑田而繁荣的强国之路。

有信则立，薪火相传。信物，是《红色财经·信物百年》讲述的起点。不同于以往纪录片的专业主持人视角，该片由百年兴业以来，为夯实共和国产业根基、构筑经济命脉的百家企业的党委书记、董事长亲自出镜，前所未有地以"信物守护人"的形象出现在镜头前。他们不仅是企业的掌门人，更是历史的见证人和企业精神的传承人。"自家人讲述自家事"，《红色财经·信物百年》探索了一种全新的故事讲述方式，让专业主持人隐退后台，将演播室完全交给最了解企业发展历程、最对行业饱含深情的"信物守护人"。他们携带各自"传家之宝"，以风格迥异的个人气质和讲述方式，追溯红色财经印记、探寻中国经济脉络，赋予了纪录片浓郁的个性感染力，为短小精悍的8分钟影片营造出浓厚的氛围感与沉浸感。

习近平总书记指出，坚持党的领导、加强党的建设，是我国国有企业的光荣传统，是国有企业的"根"和"魂",是我国国有企业的独特优势。以央企为代表的国有企业发展史,也是我党百年征程的一个缩影,蕴藏着共产党这个中国近代以来最伟大"创业团队"的成功密码。《红色财经·信物百年》中呈现的每一家企业都代表着中国产业的实力,在一穷二白的基础上创造了惊天动地的经济奇迹,用几十年时间走完了发达国家几百年走过的工业化历程。

从半部电台到无处不在的通信网络;从一个火车汽笛到遍布全球的高铁名片;从一只小小的罗盘到走遍世界的基建巨人;从青霉素的一针难求、价比黄金到疫苗的率先研制成功和出口;从没有石油、没有发电机自主制造能力到水能、核能、气能、氢能的清洁能源的全产业链布局;从钢铁总量只够中国人平均一家一户打一把菜刀到全球第一大钢铁制造国;从一个积贫积弱的落后农业国演进为世界第一制造业大国和世界第二大经济体……

信物见证党史,信物凝结初心,信物昭示力量。夜空中的星光来自数亿年前的上古宇宙,在波澜壮阔的百年征程中,一枚枚小小信物就如同党史天幕上的璀璨星辰,落在我们这个时代的华彩星光,始于百年之前的峥嵘岁月,而光芒的起点之处却是"满目萧条,百废待兴"的"一张白纸"。中华人民共和国成立之初,毛泽东感慨地说:"现在我们能造什么?……一辆汽车、一架飞机、一辆坦克、一辆拖拉机都不能造。"面对这样的情况,有人认为"共产党军事上100分,政治上80分,经济上0分";也有人断言"中共的胜利将不过是昙花一现而已"。100年,在人类发展史上不过弹指一挥间,但是中国经济百年来不舍昼夜奋斗,以一件件红色信物为证,成就了波澜壮阔的人类历史传奇。

筚路蓝缕,以启山林。面对一张白纸,毛泽东豪迈展望:"一张白纸,没有负担,好写最新最美的文字,好画最新最美的画图。"饱经历史沉淀、经过精心遴选的一件件红色信物,勾画出中国经济最初的图样。一块看似普通的铀矿石,见证了中国核工业的起步与发展,被誉为中国核工业的"开业之石";一件破旧的马甲,曾携带联合行的大额资金和党的经费,一次次突破敌人的封锁,用贸易支援抗日前线;一张1935年的金属唱片,首次灌入《义勇军进行曲》的铿锵旋律,唱响中华民族奋起抗争的第一个音符……"两弹一星"精神、"两路"精神、大庆精神、铁人精神、载人航天精神、青藏铁路精神……都浓缩在这百件红色信物之中。历史，往往需要经过岁月的洗刷才能看得更清楚。当我们重新抚摸和审视这些红色信物，能更加清晰地感知一个古老民族赓续千年梦想、走向民族复兴的历史进程。正如习近平总书记强调的，"无论是在中华民族历史上，还是在世界历史上，这都是一部感天动地的奋斗史诗"。

中国梦，是从沉淀了我们全民族集体记忆的历史中孕育的，屈辱和苦难是它的土壤，所以它才如此深沉，如此动人心魄、撼人心魂。红色信物如同这片土地上播撒的种子，历经百年开出锦绣之花，如今神州处处有"最新最美的文字"，处处见"最新最美的画图"，中国桥、中国路、中国车、中国港、中国网……新时代的中国千帆竞发、百舸争流，奔向更广阔的未来。

"我们对时间的理解，是以百年、千年为计"，这是习近平总书记谋划国家发展的"时间视角"。中央广播电视总台策划的《红色财经·信物百年》正是要将百年的沧海桑田浓缩为一帧帧可亲可感的镜头画面，把红色信物带入百年时间坐标，丈量激流勇进的党史进程。追寻初心信物，致敬百年风华，总台以红色信物敲响岁月的洪钟，拨动时代的音符，在亿万观众心头回响，让更多人深入了解和体会它们所赓续的共产党人的精神血脉、传承的红色基因，这就是对红色信物的守护与传承。

慎海雄
中央宣传部副部长、中央广播电视总台台长兼总编辑